Amilcar Del Chiaro Filho

Tirando Dúvidas

Respostas para as questões do cotidiano à luz do Espiritismo

Luiz Fernando Rodrigues

Mundo Maior
Editora

Tirando Dúvidas

Respostas para as questões do cotidiano à luz do Espiritismo

1ª Edição – junho / 2001 – MUNDO MAIOR EDITORA

2ª Edição – abril / 2002 – MUNDO MAIOR EDITORA

Diretoria Editorial: José Antonio Lombardo/Eurípedes Rodrigues dos Reis
Editor Executivo: Ricardo Magalhães
Diagramação: Luís Carlos Peres
Composição eletrônica: Luís Carlos Peres / Isabel Puglia
Criação da Capa: Ricardo Magalhães
Adaptação e preparação de texto: Sonia Theodoro da Silva
Revisão: Sonia Theodoro da Silva / Eliane Alves de Oliveira
Revisão 2ª Edição: Renata de Carvalho / Eurípedes Rodrigues dos Reis

Dados Internacionais de Catalogação na Publicação (CIP)
(Câmara Brasileira do Livro, SP, Brasil)

Chiaro Filho, Amilcar Del

Tirando Dúvidas / Amilcar Del Chiaro Filho

São Paulo: Mundo Maior Editora, 2001

1. Espiritismo 2. Espiritismo – Perguntas e respostas I. Título.

International Standard Book Number
ISBN 85-87430-10-6

01-1986 CDD-133.9

Índices para catálogo sistemático:

1. Espiritismo : Perguntas e respostas 133.9

Editora associada

MUNDO MAIOR EDITORA – www.mundomaior.com.br
Fundação Espírita André Luiz – www.feal.com.br
Rua Dr. Olavo Egidio, 646 – Santana - São Paulo/SP – CEP 02037-001
CGC 65.080.616/0001-65 – INSC. ESTADUAL: 113.680.957.111
e-mail: mundomaior@feal.com.br
Tel.: (11) 6979 2157

Índice

Apresentação

"O minuto é côncavo, deve ser preenchido sempre." Esta frase do brilhante escritor Pedro Bloch eu li uma vez para meu amigo Amilcar. Ele ficou me olhando com aquele olhar perscrutador mas não me disse nada. Semanas depois, vejo publicado um artigo do mesmo Amilcar, num dos vários jornais para os quais ele escreve, onde ele, dessa simples frase, elaborava reflexões sobre o tema.

Esse fato ficou registrado na minha memória e de onde tiro também algumas outras reflexões. De como o Amilcar presta atenção em detalhes para depois estar compartilhando as idéias, os pensamentos, sua visão de mundo. Também aprendi que, já que o minuto é côncavo e deve ser preenchido sempre, o Amilcar faz do preencher o tempo *uma atitude permanente no seu modo de viver.*

Além de autor de livros, palestrante, colunista de vários jornais e sites de Internet, é produtor e apresentador de diversos programas, para a Rede Boa Nova de Rádio. É um incansável batalhador, que preenche todos os minutos do seu tempo num trabalho profícuo. Utiliza com maestria o uso da palavra impressa e falada para levar o seu pensamento.

Foi com surpresa e alegria que recebi dele a incumbência para prefaciar o seu novo livro. Como sempre, na sua linguagem simples e objetiva, ele vai cumprindo sua missão de ensinar a todos nós.

***Tirando Dúvidas – Respostas para as questões do cotidiano à luz do Espiritismo**, é a transformação em livro de uma seleção de perguntas que Amilcar respondeu ao longo* *de alguns anos na Rede Boa Nova de Rádio. Com seu estilo direto e sem rebuscamentos, são trazidos esclarecimentos sobre os mais variados temas e assuntos à luz do Espiritismo.*

Mais uma contribuição desse companheiro querido ao qual rendemos as nossas homenagens.

Boa leitura!

Eurípedes Rodrigues dos Reis

Tirando Dúvidas

Fim dos tempos

P *Soube, por intermédio de amigos, que Chico Xavier endossou mensagem proveniente de um centro espírita, na qual havia a prescrição categórica de se fluidificar uma garrafa de água, para o tratamento preventivo de grande peste que está por vir. Acrescenta a comunicação que aqueles que não seguirem essa advertência, poderão adoecer e morrer.*

R Em verdade, tal afirmação parece-nos fantasia de cabeças ociosas ou excêntricas, quer seja de encarnados ou desencarnados.

A Doutrina Espírita é uma doutrina de equilíbrio e bom-senso, e jamais recorreria a mensagens apelativas como a que você nos expõe. Além disso, não é a primeira vez que o nome de Chico Xavier é utilizado para avalizar os conceitos de pessoas místicas. Não haverá um fim de mundo como alguns apregoam. Teremos o fim de um ciclo evolutivo para início de outro. Não acontecerá nada que já não esteja acontecendo há muito e muito tempo. Os Espíritos que trabalharam com Allan Kardec afirmaram que as transformações serão muito mais de ordem moral, interior ao homem, do que de ordem externa. Acontecerão verdadeiros cataclismos no âmago das almas, na consciência de cada um.

Essas mensagens apocalípticas estão no íntimo dos homens ou dos Espíritos despreparados para as extraordinárias transformações que estão ocorrendo.

Se você possui alguma cópia dessa mensagem, desfaça-se dela. Seja bom, ame, trabalhe por um mundo melhor, e com certeza você estará criando os seus próprios meios profiláticos.

Os Espíritos estão mortos?

P *Acredito ser impossível a comunicação com os Espíritos, mais particularmente a sua identificação. Não estão certos aqueles que afirmam que os mortos nada têm a nos ensinar, porque estão mortos?*

R Como você não nos solicita uma resposta direta sobre a identificação de Espíritos comunicantes, não vamos nos ocupar desse tema, a não ser para dizer que a identificação do nível evolutivo no Espírito está na razão da qualidade da mensagem. Mas vamos ao mérito de sua questão. Ela parte de um equívoco, pois os Espíritos não são "mortos". Quem morre é o corpo, e a inteligência não pertence ao corpo, e sim ao Espírito. Os Espíritos podem, perfeitamente, ensinar-nos muitas coisas, especialmente de ordem moral. Por exemplo, aqueles que foram avarentos, maldosos ou sensualistas, podem relatar o que estão sofrendo moralmente devido a esses defeitos. Contar como é a vida no plano espiritual, aconselhar, advertir, indicar caminhos, e muitas outras coisas, são tarefas perfeitamente executáveis pelos Espíritos.

Sabemos que você poderá argumentar que as religiões ensinam que o mau procedimento aqui na Terra redunda em castigos no outro mundo, porém, os Espíritos são as provas vivas das conseqüências da má conduta. Além disso, eles podem testemunhar igualmente que não existem castigos eternos como o inferno, nem recompensas como o céu das teologias, e sim, que céu e inferno são condições interiores ao homem.

Portanto, os Espíritos têm muito a nos ensinar, e, no entanto, não fazem por nós aquilo que nos compete fazer.

O Evangelho Segundo o Espiritismo X Religião Católica

P *É verdade que Allan Kardec escreveu* O Evangelho Segundo o Espiritismo *para contentar a Igreja Católica Apostólica Romana?*

R Não, isto não é verdade, e se configura num desrespeito a Allan Kardec. Ele escreveu *O Evangelho Segundo o Espiritismo* devido ao grande respeito e admiração que sentia pela mensagem de Jesus de Nazaré. Entretanto, ao escrever o livro, evitou as polêmicas em torno da vida do extraordinário Rabi galileu, limitando a sua abordagem aos ensinamentos morais, que não se restringem a uma época, um povo ou uma religião. Esses ensinamentos têm legitimidade até hoje, e continuarão válidos para sempre. Allan Kardec firmou o Espiritismo em bases cristãs, e o alicerce é o Evangelho. Tratando da existência de Deus, da imortalidade da alma, das penas e recompensas futuras, não poderia deixar o Evangelho à parte, como não deixou a questão do céu e inferno, bem como da criação do mundo, retratada em *A Gênese*. Allan Kardec nunca temeu a Igreja Católica que, juntamente com a comunidade científica da época, foram os maiores adversários do Espiritismo. O livro escrito pelo Codificador contraria dogmas da Igreja, e traz, após os seus comentários, a abordagem dos Espíritos, inclusive alguns que foram altos dignatários daquela religião. Portanto, essa é uma afirmativa tola e destituída de qualquer veracidade. O Codificador publicou esse livro porque quis esclarecer e, portanto, relatou pontos fundamentais da obra do Cristo, com a colaboração daqueles que foram representantes da Igreja, seus sacerdotes em épocas passadas.

Que fique bem claro, *O Evangelho Segundo o Espiritismo* foi publicado para enriquecer o patrimônio ético-moral do Espiritismo, e, logicamente, da humanidade.

Para que serve o Espiritismo?

P *Não sou contra o Espiritismo, mas quero saber qual é a sua utilidade prática. Só conheci a Doutrina Espírita aos 58 anos de idade, e não só vivi muito bem sem ela, como também poderia continuar vivendo. Afinal de contas, para que serve o Espiritismo?*

R Respeitamos o seu ponto de vista, mas com certeza, o seu argumento é frágil. Naturalmente os homens viveram bem sem o conhecimento da maioria das ciências e das descobertas. Antes do descobrimento da América, o homem europeu e de outros continentes, vivia normalmente, sem que a ausência das terras americanas fizessem alguma diferença prática para as suas vidas; nada alterou para muitos, que jamais tiveram a intenção ou a possibilidade de viajar para a América. No entanto, todos nós viajaremos para o mundo dos Espíritos. O Espiritismo veio trazer o conhecimento da vida no além-túmulo, a influência que esse mundo exerce sobre o nosso. Além disso, veio provar a imortalidade, o que as religiões afirmam apenas em teoria. Leis reveladas pela Doutrina Espírita, como reencarnação, causa e efeito, evolução, pluralidade dos mundos habitados, fluidos, perispírito, mediunidade, e muitos outros temas, tranqüilizam o homem. Porém, se você entende como utilidade prática os meios de fazer fortuna, de fazer descobertas, ler o futuro, apontar as ações que vão subir na bolsa, os números sorteados na loteria, conquistar amores, certamente ele de nada serve. Não peça ao Espiritismo aquilo que ele não pode dar, ou seja, coisas materiais, vantagens escusas, e não sofrerá decepções com ele. A influência do Espiritismo é de ordem moral.

Oposição ao Espiritismo

P *Se o Espiritismo é uma verdade incontestável, por que os maiores sábios da humanidade se lhe opõem?*

R Desconhecemos a fonte na qual você se baseia ao dizer que os maiores sábios do mundo são contra o Espiritismo. Há um grande número de sábios que não conhecem o Espiritismo, como existem aqueles que são materialistas e ateus. Estarão certos os que não crêem em nada? Religião ou filosofia é algo de foro íntimo. Existem, também, muitos sábios que são espíritas, e outros, que não sendo, admiram o Espiritismo. Esse argumento colocado em sua pergunta foi utilizado ao tempo de Kardec, por muitos adversários. Ele próprio geralmente dizia da grande admiração pelos sábios, e que gostaria de ser contado entre eles.

O fato de ser especialista numa determinada matéria, não implica no direito de fazer um julgamento definitivo acerca do Espiritismo. Allan Kardec dizia ainda, que, para construir uma casa, consultaria de bom grado um arquiteto. Em problemas de saúde logicamente procuraria um médico. Para um assunto legal consultaria um advogado, contudo, em matéria de Espiritismo, não procuraria nenhum deles, a não ser que eles estudassem a Doutrina

Espírita. Acreditamos ser muito lógica a argumentação kardequiana. Você acredita que os cientistas da NASA entendem de todos os assuntos? Você não acha que muitos deles não sabem como se planta e se colhe batatas, ou como se cultiva orquídeas? Respeitamos o seu ponto de vista, embora não concordemos com ele. Pessoas simples e pessoas cultas podem conhecer o Espiritismo de forma eqüitativa. Portanto, não é uma questão de cultura, mas de bom senso.

Conflitos familiares

P *Eu nunca me dei bem com a família, especialmente com meus pais, que já morreram. Quando eu morrer terei que continuar aceitando-os como tal?*

R Aprendemos com o Espiritismo que existem famílias formadas pelos laços espirituais, e outras pelos laços materiais. As primeiras, são grupos de Espíritos que se amam, e caminham simultaneamente, revezando-se entre a vida na matéria e no plano espiritual. Isto quer dizer que os desencarnados acompanham e protegem os encarnados. Quando um membro da família desencarna, é recebido no plano espiritual de forma carinhosa, e muitos mantém o mesmo respeito e amor pelo lugar recém-ocupado na família. Isto não quer dizer que essas posições não se alternem. Por exemplo: o filho pode vir como pai de seu pai ou de sua mãe. Posições e sexo podem ser trocados com naturalidade. As famílias formadas pelos laços materiais, não guardam essa união, e ao desencarnar não se procuram, nem se preocupam uns com os outros. Podem permanecer juntos enquanto existem afinidades, mas afinidade não quer dizer amor, bem-querer. Ela pode ocorrer por intermédio de sintonia superior ou inferior. Deus permite que um

Espírito atrasado renasça numa família evoluída, ou um Espírito evoluído numa família atrasada para, no primeiro caso, a família ajudar a evolução do Espírito, e no segundo, este último ajudar a família ainda retardatária em sua evolução. Tudo é solidário na Natureza, portanto, devemos auxiliarmo-nos mutuamente em nossa caminhada. Se você realmente não tinha estima por seus pais, certamente não os procurará depois da sua desencarnação, mas os vínculos, certamente, permanecerão.

Evolução da consciência

P *Qual a definição de* consciência, *e por que ela se encontra desenvolvida em algumas pessoas e em outras não, gerando comportamentos individualistas e sem escrúpulos nos últimos?*

R Vamos começar citando Kardec, no livro *O Que é o Espiritismo*, para depois tecermos algum comentário. Kardec afirma que *a origem do sentimento que chamamos de* consciência, *é uma lembrança intuitiva do progresso conseguido nas existências precedentes e das resoluções tomadas pelo Espírito antes da encarnação, resoluções estas que nem sempre ele tem forças de manter quando encarnado*[1].

A resposta curta e objetiva de Allan Kardec, dispensaria qualquer intervenção nossa, mas vamos tentar distendê-la um pouco mais.

Quando afirma que é uma lembrança intuitiva do progresso alcançado, quer dizer que os Espíritos mais adiantados têm mais ampliado esse sentimento de consciência. Ele percebe melhor se as suas ações estão prejudicando o seu próximo, e figuradamente, a sua

[1] *Kardec, Allan.* O que é Espiritismo. *São Paulo, Lake, 1998, it. 127.* (N. do E.)

consciência dói. Deus não criou Espíritos com maior ou menor consciência; criou-os todos simples e ignorantes. A maior consciência revela maior maturidade e progresso, advindos com a idade, ou por ter progredido mais rapidamente. Ao preparar-se para reencarnar, é de praxe desenvolver-se um planejamento de vida, quando, então, identifica as próprias fraquezas, os enganos em relação ao próximo, tomando freqüentemente, a iniciativa de não mais incorrer em tais erros, dispondo-se a vencer as próprias tendências.

Ao renascer, o Espírito não tem conhecimento de suas decisões anteriores, contudo, traz a intuição das resoluções tomadas. Ao cometer o ato pernicioso contra alguém, a própria consciência o acusa.

Ruídos em casa

P *Passei por uma experiência, de certa forma interessante. Mandei aplicar um produto no assoalho de casa, e algum tempo depois, o piso começou a estalar com bastante intensidade. Como na mesma época recebia a visita de uma prima, que, dizendo-se médium, afirmava que os estalos eram devido à presença de um Espírito, ansioso por comunicar-se. Pouco a pouco, o barulho cessou.*

Dias depois, soube que esse problema geralmente ocorre em dias muito quentes, quando a aplicação do produto é recente. Será que não era comunicação de algum Espírito?

R Com certeza não era Espírito, e a pessoa precipitou-se na afirmação. Allan Kardec recomenda que esses barulhos, noturnos ou não, devem ser investigados profundamente, e se depois de todas as investigações não se encontrar uma razão plausível, pode se pensar em fenômeno mediúnico. Entretanto, quando existe um fenômeno mediúnico inteligente, ele tem um objetivo. Se um barulho ocorre em nossa casa, repetidamente, sistematicamente, com certeza, se pesquisado, se descobrirá uma causa fortuita, como o vento fazendo uma janela bater, um galho de árvore batendo no telhado, uma torneira pingando sobre algum material que produz algum barulho forte, ou até mesmo o cascolaque ou sinteko estourando nos vãos dos tacos do assoalho. Enfim, o fenômeno mediúnico existe, mas não podemos achar que tudo é ação dos Espíritos. Contudo, se o barulho obedecer as suas induções, como, mais alto, mais baixo, fazer pausa, acelerar as batidas, e outras formas de indução, pode-se pensar mais intensamente no fenômeno mediúnico.

Influência dos Espíritos sobre os nossos pensamentos

P *Como somos constantemente cercados pelos Espíritos, e eles podem influenciar o nosso pensamento, como poderemos diferenciar os nossos dos que nos são sugeridos?*

R Realmente não é fácil identificarmos e separar os nossos pensamentos, dos que nos são sugeridos pelos Espíritos. Para um apoio mais forte à nossa resposta, vamos recorrer ao *O Livro dos Espíritos*, já que Allan Kardec fez uma pergunta semelhante. Os Espíritos responderam assim: *Quando um pensamento vos é sugerido, é como uma voz que vos fala. Os pensamentos próprios são, em geral, os que vos ocorrem no primeiro impulso. De resto não há grande interesse para vós nessa distinção, e é freqüentemente útil não saberdes: o homem age mais livremente; se decidir pelo bem, o fará de melhor vontade, se tomar o mau caminho, sua responsabilidade será maior*[1].

Como você pode perceber, a preocupação não deve ser tanto com a origem dos pensamentos, mas com a sua qualidade. Quando um Espírito inspira a uma pessoa pensamentos ruins, obscenos, degenerados, desonestos, se não for repelido imediatamente é porque a pessoa se compraz nesse tipo de idéias, e dá guarida às sugestões.

Por outro lado, quando um bom Espírito sugere bons pensamentos, idéias caritativas, amorosas, compreensivas, certamente, se as aceita, a pessoa demonstra que já tem algum progresso. O axioma, *semelhante atrai semelhante*, e *os contrários se repelem*, é uma verdade insofismável no campo do pensamento. O grande consolo é que podemos vencer os pensamentos ruins, opondo-lhes barreiras com a nossa vontade, e assim, progredirmos.

Jesus e Madalena

P *Existe algum significado especial, no fato de Jesus, ao ressuscitar, ter aparecido em primeiro lugar à Maria Madalena, uma mulher equivocada, e não aos discípulos amados? E Jesus ressuscitou realmente?*

R Jesus de Nazaré não ressuscitou. Ao aparecer à Madalena, e depois aos discípulos, ele estava com o seu corpo espiritual, que mais tarde Paulo de Tarso chamaria de Corpo de Glória; muito tempo depois, o Espiritismo denominaria Perispírito, e os esotéricos, de corpo astral.

O que teria acontecido com o seu corpo material, é uma outra história, difícil de desenvolver em poucas linhas. Com referência a Madalena, Jesus procurou elevar a mulher por todos os meios, a um patamar de dignidade. Onde os

[1] *Kardec, Allan.* O Livro dos Espíritos. *1ª ed. São Paulo, Mundo Maior Editora, 2000, q.461.* (N. do A.)

homens (aqui no sentido de sexo masculino) viam apenas torpezas e indignidades, Jesus via, também, o amor. Foi por isso que ele disse a outra mulher em iguais condições: *Teus muitos pecados te são perdoados, porque você muito amou. Vai e não peques mais*[1].

Madalena foi um exemplo de mudança de vida e de coragem, pois, enquanto os discípulos ainda estavam escondidos, com medo das autoridades, e do povo, ela estava junto à sepultura do seu amado Mestre. Às vezes, nosso coração é o túmulo de Jesus. Colocamos o Mestre morto ali dentro e cerramos a entrada com uma grande pedra. Atravessamos a noite escura com muito medo, mas ao raiar da aurora, quando o céu começa a tingir-se com o arrebol, corremos ao túmulo e encontramos a pedra movida. O sepulcro se abre à nossa frente, contudo, temos medo de olhar. Sentamo-nos no chão, à beira da sepultura, e ali choramos e clamamos pelo nosso Rabi, mas não adentramos o nosso coração, pois a nossa madrugada é longa e nebulosa. Ficamos ali por muito tempo, até que o sol se abra e ilumine o interior da cripta, e possamos ver a gloriosa ressurreição espiritual, e, quem sabe, ouvir o Mestre dizer: *você muito errou porque muito amou, vai e não erre mais.*

Os Espíritos lêem pensamentos?

P *É verdade que os Espíritos podem ler os nossos pensamentos? Se é verdade, como fica a nossa privacidade? Quando alguém morre, a pessoa toma conhecimento sobre o que pensamos realmente sobre ela?*

R Aqui temos três perguntas muito interessantes a respeito de pensamentos. Sim! Os Espíritos podem ler os nossos pensamentos, mas não é uma coisa generalizada, como se

[1] *Lucas, 7: 47-48.* (N. do E.)

todos estivessem expondo abertamente o que se pensa. Por exemplo: uma pessoa evoluída, com grandes dotes de bondade, e amor, não fica sujeita às investigações de Espíritos atrasados. Quanto aos Espíritos superiores, eles podem ler os pensamentos de todos, mas não o fazem, a não ser visando um bem maior. A nossa privacidade depende da nossa condição moral. Homens e mulheres sem moral não podem ter privacidade. As nossas companhias espirituais são selecionadas pelo teor dos nossos pensamentos. Parafraseando o ditado, *diga-me com quem andas e eu te direi quem és*, podemos dizer: *diga-me o que pensas habitualmente, e eu te direi que qualidade de Espíritos te acompanham.* É verdade, em princípio, que aquilo que ocultamos de uma pessoa, não mais poderá ser escondido depois da sua desencarnação. Isso, muitas vezes constitui em forte decepção para o desencarnado. Entretanto, precisamos ponderar algumas coisas: nem todos têm consciência da sua desencarnação e acesso às mentes dos encarnados. Outros poderão não ter interesse em estar juntos aos familiares, amigos ou conhecidos. Outros ainda têm a sua liberdade limitada. Entretanto, para nossa tranqüilidade, é bom que também em pensamento seja o nosso falar: sim, SIM – não, NÃO.

Escolha de provas

P *Tudo o que tenho padecido em minha vida, foi escolhido por mim mesma e planejado para acontecer?*

R Muitos Espíritos, embora não todos, fazem programações para a sua própria reencarnação. Contudo, essa programação não é detalhada em seus pontos mais simples e comuns, mas apenas em seus aspectos mais importantes, que possam realmente ter alguma influência nos destinos do encarnado. As reencarnações programadas são atribuídas aos Espíritos que têm algum mérito.

Grande número de Espíritos ainda não despertaram para a importância da vida, e nascem e morrem sem se aperceberem da maravilhosa oportunidade de viver. Só o tempo os fará despertar. Não acredite que tudo está escrito, porém, dentro das leis das probabilidades. Não existem injustiças, se considerarmos que somos imperfeitos, e que todas as situações contribuem para o nosso crescimento. Vamos dar um exemplo simples. Existem pessoas pobres, carentes de tudo, que estão respondendo perante a lei de causa e efeito, ou que podem ter pedido para viver sob grandes dificuldades com o intuito de crescer e evoluir. Entretanto, o número excessivo de pessoas pobres, fica por conta das injustiças sociais, da má distribuição da renda, da falta de empregos, da pouca ou nenhuma escolaridade. Se houvesse fraternidade, amor ao próximo, justiça social, a quantidade de pessoas vivendo na pobreza seria bem menor. No entanto, se a pessoa que enfrenta tal situação souber aproveitá-la para o seu aprendizado, essa vida poderá ser-lhe de grande utilidade. Existe uma lei maior no Universo, que é o nosso aperfeiçoamento. Os recursos para se executar esse programa depende de muitos fatores, exercendo influência uns sobre os outros.

Livre-arbítrio

P *Se o Espírito foi criado simples e ignorante, de que maneira pode ele escolher seus caminhos com conhecimento? Fala-se muito no livre-arbítrio, mas será que ele é absoluto ou Deus pode impor ao Espírito uma existência que ele não deseja?*

R O Espírito, criado simples e ignorante, escolhe os seus

caminhos, a princípio, pelos impulsos evolutivos naturais; posteriormente, poderá ser influenciado por outros Espíritos, que já caminharam um pouco na senda evolutiva. Contudo, aceitar ou não essas influências, dependerá de cada um. Sabemos que todos os seres têm protetores espirituais, que as igrejas denominam de anjos da guarda. Esses Espíritos logicamente têm influência sobre os seus tutelados.

Quanto ao livre-arbítrio, consideramos que ele é *relativo*, tornando-se cada vez mais absoluto com o progresso do Espírito. Há pessoas que sustentam a opinião de que Deus jamais interferirá no livre-arbítrio de suas criaturas. Entretanto, *O Livro dos Espíritos* afirma que Deus pode impor uma reencarnação dolorosa a um Espírito para obrigá-lo ao progresso. Precisamos entender bem esse *obrigar*, porque não é uma obrigação aleatória. Deus nos criou com um plano evolutivo, o de atingir a perfeição. Por mais que o Espírito adie esse progresso, chegará o momento em que terá que caminhar rumo à perfeição. O meio de alcançá-la é por meio das reencarnações. Ele poderá recusar-se a reencarnar, e adiá-la por muito tempo, mas não para sempre. Haverá um momento que terá que retomar um corpo, e certamente não terá participado do planejamento de sua próxima existência, porque se negou.

A reencarnação é obrigatória

P *Quando morremos, escolhemos uma nova vida imediatamente? Todos sabem que a reencarnação é obrigatória? Qual a vantagem em conhecê-la?*

R Não, nem todos estão capacitados a fazer essa escolha imediatamente após a desencarnação ou morte. Um grande número de Espíritos ignora a lei da reencarnação e não se preocupa absolutamente com ela, julgando que a sua situação feliz ou infeliz, é definitiva. Existem, também, aqueles que permanecem inconscientes, em estado letárgico, por muito tempo, e outros, que, por serem materialistas, se surpreendem com a continuidade da vida, e não fazem a menor idéia do que lhes sucederá. Além disso, entre os que conhecem a reencarnação, que sabem que deverão reencarnar, e que precisam de um tempo mais ou menos longo para se refazerem e planejarem uma nova existência física, há os que não a desejam de forma alguma, até que percebam que dela dependerá a sua felicidade.

Existe uma vantagem muito grande em conhecer a reencarnação. Em primeiro lugar, porque nos tranqüiliza quanto à questão da justiça divina, desmitificando os dogmas dos castigos eternos, e esclarecendo que não existem céu ou inferno, a não ser na nossa própria consciência. Aqueles que conhecem a lei da reencarnação, podem, desde agora, planejar a sua próxima vida. É muito importante saber que, aceitando ou não, a reencarnação existe e a ela estamos todos submetidos, até que venhamos a atingir um patamar evolutivo que nos permita reencarnar quando o desejarmos.

Por que tantas injustiças sociais?

P *Por mais que eu tente, não consigo entender por que os maus prosperam: são ricos, famosos, felizes, enquanto os bons são maltratados, pobres, doentes. Eu penso que jogar a culpa em outras vidas é fugir do problema.*

R Respeitamos a sua opinião, mas gostaríamos de expor a nossa. Quando você observa a vida por um prisma reduzido, como quem julga ver todo um quadro apenas por seus detalhes, torna-se difícil fazer uma idéia exata da vida.

Não existe efeito sem causa. Por conseguinte, um efeito inteligente tem uma causa inteligente. Quanto maior o efeito, mais ampla é a causa que o originou. Ora, o Universo existe, e não é obra do homem. A causa do Universo é Deus. Ele criou leis e a elas estamos submetidos. Fomos criados simples e ignorantes, mas seguimos um plano evolutivo que nos levará à perfeição. Ser rico ou pobre, sadio ou doente, forte ou fraco são meios de aprendizado, de progresso. À medida que a humanidade progride, as diferenças sociais vão diminuindo.

Allan Kardec, no livro, *O Que é o Espiritismo*, nos dá a seguinte resposta: *Para quem só vê a vida presente e a considera única, isto deve parecer uma suprema injustiça. Não é a mesma coisa quando se considera a pluralidade das existências e a brevidade de cada uma delas em relação à eternidade. O estudo do Espiritismo prova que a prosperidade do mau sofre terríveis alterações nas existências seguintes; que as aflições do homem de bem são, ao contrário, seguidas de uma felicidade tanto maior e durável, quanto ele as tenha suportado com mais resignação. São para ele como um dia feliz em toda uma existência de prosperidade.*[1]

Deficiência e doença mental

P *Aprendi que os portadores de deficiência mental são pessoas punidas por delitos perpetrados por sua genialidade mal conduzida. Entretanto, as minhas dúvidas são estas: uma pessoa deficiente mental, quando se liberta do corpo pelo sono, tem consciência do seu estado de constrangimento psíquico? O Espírito encarnado num corpo portador de doenças mentais, também é mentalmente doente?*

[1] *Kardec, Allan.* O que é... *op. cit., it. 133.* (N. do E.)

R Em primeiro lugar, vamos corrigir o seu entendimento dogmático. A reencarnação como deficiente mental, pode ser uma punição pelo abuso das faculdades da inteligência, mas poderá ser também por outros motivos, inclusive imperfeições da matéria mas há implicações espirituais.

Quanto à pergunta sobre as condições de um deficiente mental durante o sono, podemos dizer que depende da condição evolutiva do Espírito encarnado, e do grau de profundidade do sono. É sabido, também, que crianças têm sonhos pueris, coisas do interesse infantil. A mente obnubilada pela deficiência mental, pode permanecer, durante o sono, nas mesmas condições. Outros retomam o seu patrimônio intelectual, o que os fazem sofrer ainda mais, pois sabem que, ao acordar, retornarão à cela física e à condição de retardamento transitório. O Espírito não é deficiente, nem doente mental. O instrumento físico é que lhe opõe barreiras insuperáveis. Contudo, se essa condição durar muitos anos, poderá afetar o Espírito, que necessitará de um certo tempo para recuperar seu estado normal depois de desencarnado. Todas essas respostas são relativas, pois temos muito a aprender sobre o assunto. A ciência da mente é praticamente recente, e as pesquisas têm sido prejudicadas pela posição materialista ortodoxa, de muitos cientistas, que ignoram o Espírito.

Quem foi Jesus?

P *Se Jesus não é Deus, quem é então? Um profeta? Uma parte de Deus? Um Messias? E o que é um Messias ou Cristo?*

R Realmente Jesus, o Cristo, não é Deus. O Criador é único. Não existe mais de um, e nem pode ser divido. Ainda é muito difícil para a maioria absoluta das pessoas compreender a Deus, como ele é, ou como supomos que ele seja. Por isso, os homens tiveram que dar uma forma a Deus, e representá-lo de algum modo, para conseguirem manter uma ligação afetiva com o Criador, mesmo que fundamentada no medo. Jesus é Sua criatura, como todos nós. Porém, como os Espíritos não foram criados todos ao mesmo tempo, e sim em épocas diferentes, existem Espíritos muito mais adiantados do que outros. Jesus está nessa condição. Foi criado em época imemorial, e tem acompanhado a nossa evolução, porque a isso se dedicou. Ele é, sim, um Messias, porque Messias significa "ungido". Os ungidos são pessoas sobre as quais, no Judaísmo, se derramava óleo santo, para um determinado destino ou missão. Samuel ungiu David, destinado a ser o futuro rei da Judéia. O Messias seria ungido por Deus, para uma missão superior. No caso de Jesus, para libertar o povo. Messias é uma palavra judaica, com o mesmo significado de Cristo, palavra grega. Como os evangelhos foram escritos em grego, prevaleceu a palavra Cristo.

Reiteramos, que Jesus não pode ser encarado apenas como um profeta, e também não é Deus, nem um terço de Deus, mas criatura que já atingiu um patamar evolutivo muito alto.

A salvação está no Cristianismo

P *O Cristianismo é o único caminho de salvação para a humanidade? Como o Espiritismo considera Jesus de Nazaré? Qual teria sido a sua verdadeira missão?*

R A verdade é que não existe salvação no sentido teológico da palavra. Ninguém está perdido para sempre, assim como a simples crença em um nome, ou no sangue de alguém, ou na palavra atribuída a Deus, tem o poder de salvar. Portanto, o Cristianismo não é o único meio. Todo pensamento religioso que conduz ao bem, deve ser respeitado. O importante não é o rótulo, mas o conteúdo. Existem religiões que não são cristãs, e conduzem o homem a uma alta espiritualidade. O predomínio cristão no Ocidente, é grande, mas não podemos negar que outras religiões também espiritualizam o homem.

Allan Kardec perguntou aos Espíritos, qual seria a melhor religião, e eles responderam que é aquela que produz um maior número de pessoas de bem. O Espiritismo tem um grande amor e respeito por Jesus. Ele o vê como um Espírito de altíssima evolução, um condutor da humanidade terrestre. A sua verdadeira missão é de iluminar e esclarecê-la quanto a sua origem e destino. Jesus veio espiritualizá-la, revelando a Deus como pai justo e bom, pai de todos, e não de apenas um povo. Ele não fundou nenhuma religião ou igreja. Sua religião é o amor. Amor que cobre a multidão dos erros humanos. Não criou dogmas ou liturgias. Suas prédicas eram realizadas no único templo digno do Criador, a Natureza, e embora falasse a todos, seus prediletos eram os pobres e os sofredores.

Provas e expiações

P *Se as provas são meios de testar os conhecimentos adquiridos ou de chegar à perfeição, então temos que passar por todas as tentações, como as do orgulho, do egoísmo, do ciúme, da avareza, da sensualidade...?*

R Você colocou bem, ao afirmar que as provas são testes. Sim! Realmente as provas são testes. Antes de responder diretamente à sua pergunta, queremos falar sobre expiações e provas. Expiar é quitar, pagar dívidas pelo sofrimento. Por exemplo, o malfeitor expia a sua pena na prisão. Muitos dos nossos sofrimentos são expiações pelos erros de vidas anteriores. Entretanto, nem todo sofrimento é expiação. Pode ser prova ou teste solicitado pelo Espírito, para saber das suas condições evolutivas. Os estudantes têm que provar por meio de testes, que estão aptos a passar para uma série mais avançada. As provas são testes de capacitação. Você perguntou se temos que passar pelas tentações do orgulho, do egoísmo, da avareza, da sensualidade. Não obrigatoriamente. Passamos por essas tentações porque são inerentes à nossa pouca evolução. Estamos num mundo onde somos constantemente testados para avaliação da nossa capacidade. Porém, não precisamos passar pela fieira de todas as tentações, como não precisamos passar por todos os erros. A verdade é que somos tentados nas coisas com as quais nos afinizamos, que está dentro de nós. Por exemplo: uma pessoa que não traga tendências ao consumo de bebidas alcoólicas, jamais se sentirá tentada a consumi-las. Provas ou expiações, temos que lutar muito para superá-las, até que alcancemos um patamar mais alto, que nos liberte desses condicionamentos.

Condição espiritual de pessoas influentes na Terra

P *Qual a condição espiritual das pessoas que foram influentes na Terra, como generais, presidentes, políticos? Os que lhes foram subalternos reconhecem-nos como tal, após a morte? E os artistas que foram cultuados pela mídia, como ficam?*

R Vamos começar respondendo com uma frase que define prontamente a situação: *a verdadeira superioridade é a do Espírito.* Allan Kardec perguntou a um soldado morto em batalha se ele continuava respeitando os seus superiores após a morte, e obteve a seguinte resposta: quando eles são moralmente superiores, sim! Uma rainha de França relatou, numa comunicação, que a realeza não a acompanhou no além-túmulo, e ela se via forçada a pedir favores a homens e mulheres simples, que ela desprezara em seu castelo.

No mundo dos Espíritos, sejamos autoridades ou simples pessoas, entramos em contato com a nossa realidade. Políticos corruptos terão que prestar contas dos seus atos frente ao tribunal da própria consciência, pois não há um tribunal divino com acusadores, defensores e um corpo de jurados. Nada disso é necessário, pois a consciência tem esse papel. Quase sempre, após esse julgamento, o Espírito pede uma vida humilde, de trabalhos e dificuldades, de sacrifícios pelo bem coletivo, para ressarcir os seus débitos.

Quanto aos artistas, a situação é a mesma. Aqueles que, além dos seus propósitos cultivaram o amor, a solidariedade, a fraternidade; que, com a sua arte procuraram elevar as condições do povo, certamente, continuarão admirados e queridos. Mas os que usaram a fama para o seu deleite, seu prazer pessoal, ficarão esquecidos, e sofrerão pela falta dos aplausos.

Problemas brasileiros

P *Até quando teremos que suportar as condições do país em que vivemos? Certa vez, li uma entrevista de um ex-presidente do Brasil, já falecido, concedida através de um médium, informando que seriam eleitos mais três presidentes, sendo o quarto, aquele que resolveria os problemas do país. Já passaram mais de cinco, e nada. O Espírito enganou-se?*

R Um país se faz com muito trabalho, dedicação e amor. Ele não pode ser construído por um só homem, porque resulta do trabalho coletivo. Logicamente, um líder capacitado que assuma a direção do país, poderá acelerar as suas conquistas, direcionando as forças ativas da nação para a consecução dos seus destinos.

Um país se faz com educação e justiça social. Teremos um país excelente quando não prevalecerem mais a pobreza e a ignorância. Desta forma, os futuros dirigentes do país serão melhor ajuizados e eleitos pelo seu real envolvimento com os interesses e necessidades da população.

Por outro lado, quanto à entrevista a que você se refere, é simplesmente a opinião ou vaticínio de um Espírito, que pelo fato de ser desencarnado não é detentor de autoridade sobre o assunto. Com certeza, o Brasil atingirá um patamar elevado no concerto das nações, contudo, isso requer trabalho, dedicação. Não será um presente dos céus, mas uma conquista superior. Temos uma árdua tarefa pela frente, e o Espiritismo desempenhará um grande papel nas mudanças sociais, pois ele veio fomentar uma revolução baseada no Amor e na Educação.

Hierarquia no mundo espiritual

P *Existe alguma hierarquia no mundo dos Espíritos, e se existe, o que lhes determina a elevação ou a subalternidade?*

R Há hierarquia entre os Espíritos, e não poderia ser de outra forma, pois eles são diferentes entre si.

Aqui na Terra, o que determina os níveis hierárquicos, é o nascimento, o poder, o dinheiro, a condição social. Muitas pessoas são colocadas em determinados postos de comando, por influências de autoridades. Outras vezes, por laços consangüíneos ou parentesco. Porém, no mundo espiritual o que determina a superioridade é a condição moral. A força moral emanada de um Espírito superior é irresistível. Não existe a menor possibilidade de um Espírito, que não tenha aptidão, exercer uma função para a qual não esteja habilitado. Não existem protecionismos, nem indicações de outro Espírito, que precise ser adulado. Há pessoas que acreditam, que pelo simples fato de morrer, o Espírito adquire ciência, sabedoria e moral. Logicamente não é assim. Somos, após a nossa desencarnação, o mesmo que somos agora. Entretanto, essa situação não é estanque, pois o Espírito continua evoluindo, e à medida que avança, vai melhorando a sua posição hierárquica.

Os Espíritos altamente evoluídos reencarnam na Terra por sua própria vontade, e no desempenho de grandes missões. Espíritos menos evoluídos desempenham missões menores, como o de pais, mães e outros.

O nosso julgamento sobre as pessoas que conhecemos e que desencarnam, nem sempre corresponde à realidade pois ainda vivemos num mundo de aparências.

Por que reencarnar

P *Por que os Espíritos encarnam? Qual a finalidade da encarnação? Aqueles que seguiram o caminho do bem, desde o princípio, também precisam reencarnar?*

R Citamos um comentário de Allan Kardec, a respeito desse assunto, comentário que está inserido em *O Livro dos Espíritos*: *A ação dos seres corpóreos é necessária à marcha do universo. Mas Deus, na sua sabedoria, quis que eles tivessem, nessa mesma ação, um meio de progredir e de se aproximarem Dele. É assim que, por uma lei admirável da Sua providência, tudo se encadeia, tudo é solidário na Natureza.*[1]

[1] *Kardec,* O Livro..., *op. cit. Comentário de Kardec à questão 132.* (N. do A.)

Esta é uma explicação curta, mas objetiva. Vamos colaborar com o seguinte comentário: Deus criou o fluido cósmico universal, do qual derivam o princípio espiritual e o princípio material, ambos regulados por leis específicas. Do princípio espiritual, dotado de inteligência, formaram-se os Espíritos. O Espírito, por meio da sua ação sobre a matéria, evolui, e enquanto ligada a ela, dá-lhe inteligência[1].

É bom ter em mente que o Espírito não encarna porque tenha pecado, e sim porque existe. A reencarnação é a lei mais democrática das que conhecemos, porque dá a todos as mesmas oportunidades. Então, que fique bem claro, mesmo seguindo o caminho do Bem, desde o princípio, o Espírito terá que reencarnar até alcançar a perfeição. Naturalmente, para o Espírito que opta por esse caminho, desde o princípio, as provas são mais leves. Todos foram criados para alcançar a evolução. Aqueles que caminham mais depressa, chegarão mais rapidamente à meta.

Mediunidade em desequilíbrio

P *Comecei a psicografar mensagens em casa, especialmente durante a madrugada, e o Espírito, que é meu guia, quer publicá-las em livro que, segundo ele, mudará o mundo. Como faço para publicar o livro?*

R Ao que nos parece, você começou a psicografar sem ter nenhum conhecimento do Espiritismo. Logicamente, a mediunidade se manifesta com ou sem o conhecimento doutrinário, porém, conhecer Espiritismo e mediunidade, é muito importante para a segurança do médium e a veracidade da mensagem. Acreditamos que a melhor medida, é procurar um centro espírita e fazer cursos pertinentes, para que possa avaliar as condições evolutivas do Espírito

[1] *Kardec, op. cit., questões 25 e 71.* (N. do A.)

que se manifesta. Consideramos, no mínimo, estranho, o fato da psicografia ocorrer durante a madrugada. Afinal de contas, você tem compromissos profissionais e precisa estar descansado para trabalhar no dia seguinte. Além disso, psicografando no centro espírita, durante reunião apropriada, o Espírito comunicante passará pelo controle do grupo de encarnados e desencarnados. Não é seguro lidar com fenômenos mediúnicos sozinha. Tome cuidado com os elogios; muitos escritores ou pensadores, julgaram ter escrito o livro definitivo, que mudaria o mundo. É sempre bom ser prudente com relação à lisonja ou muito entusiasmo. Você está, realmente, escrevendo um livro; trata-se da sua vida, por meio das suas atitudes e vivência no cotidiano. Se você escrever coisas boas para todos, será feliz. Quanto a publicar o livro, procure uma editora, mas, primeiramente, entregue os originais para algumas pessoas que conheçam bem o Espiritismo, a fim de opinarem sobre a qualidade doutrinária do livro.

Morte natural e morte acidental

P *Há diferenças entre a morte natural, pelo esgotamento dos órgãos, e a que se dá por acidente? Quais as conseqüências para o desencarnante? Há uma linha divisória entre a vida e a morte?*

R Há sim, uma diferença sensível entre o desencarne que se dá pelo esgotamento natural dos órgãos, e o que acontece subitamente, por acidente ou morte violenta.

No primeiro caso, quer seja por velhice, ou por alguma doença que consome as energias físicas, o fluido vital, o Espírito se desprende aos poucos, porque os laços fluídicos estão rotos, e já não podem reter o Espírito. Quanto à morte violenta, o Espírito é expulso do corpo, que ainda mantém toda a sua energia, e a sua cota de fluido vital. Vamos dar um exemplo bem simples de ser entendido. Como se sente uma pessoa que, estando dormindo, é despertada suavemente, com muito carinho? Certamente se sentirá bem e tranqüila. E como se sentirá aquele que é despertado com gritos, pancadas ou um jato de água fria? Certamente ficará aturdido, confuso.

Não existe uma linha divisória, onde começa ou termina a vida. Na fase final, o corpo poderá manter sinais vitais e o Espírito já estar liberto, separado do corpo. Poderá acontecer, também, de o corpo estar morto, e o Espírito continuar ligado a ele. É preciso compreender que a verdadeira vida é a do Espírito, por ser eterno, e por ser ele o gestor do corpo físico. Nascemos para crescer, evoluir, progredir. A vida é um presente extraordinário que Deus nos concedeu. Precisamos aplicar-nos a bem aproveitar essa oportunidade. Viver com dignidade, com amor, e lutar para que esse direito fundamental seja dado a todos.

Relacionamentos extraconjugais

P *Sou casado há dez anos, e desde a cinco, não suporto a minha esposa. Não tenho o direito de ser feliz? Amo outra, que também é casada, e gosta de mim. O Espiritismo é contra a nossa união, a nossa felicidade? Terei que voltar com minha mulher em outra vida?*

R A princípio, a sua pergunta nos pareceu apropriada a um consultório sentimental. Contudo, você perguntou se o Espiritismo seria contra a sua felicidade, o que nos faculta responder, dentro da nossa visão doutrinária.

O Espiritismo não é contra a felicidade de ninguém, e nem determina que as pessoas vivam ao lado de quem as aborrece. A Doutrina Espírita não é contra o divórcio, naqueles casos em que não mais é possível permanecer juntos. Ela considera indissolúveis os casamentos baseados no amor. Desde que não exista amor e os cônjuges se hostilizem continuadamente, é melhor a separação de direito, porque já existe de fato. Infelizmente, um grande número de uniões se dão por outros interesses, inclusive o desejo sexual, e não por amor. Porém, devemos lembrar que, se existem filhos dessas uniões, há que se considerar a felicidade dos filhos, seu bem-estar, sua educação. Por outro lado, somos responsáveis pelas lesões afetivas que provocarmos. Acreditamos ser difícil que alguém possa construir a sua felicidade, sobre a infelicidade de outra pessoa. Quanto a voltar junto com a sua esposa em outra vida, dependerá dos compromissos assumidos e não cumpridos. Contudo, o nascimento não é sinônimo de castigo. Vocês poderão reencarnar em outras posições afetivas, como irmãos, mãe ou pai e filhos, primos e outras.

Repetimos: a vida não é punição, e sim, oportunidade de desenvolvimento.

Uma última lembrança: a semeadura é livre; a colheita, porém, obrigatória.

Bocejos à leitura

P *Por que bocejo tanto quando leio livros espíritas? Será que são Espíritos inferiores que não querem que eu progrida? Por que mesmo orando não consigo parar de bocejar?*

R Entendemos que você começa bocejar quando lê livros espíritas, mas não fica claro se o mesmo acontece quando lê outros livros. Antes de concluirmos se são Espíritos inferiores que provocam os bocejos, temos que usar o método kardequiano de investigação. Primeiramente, temos que excluir todas as outras possibilidades, para depois considerarmos se, na verdade, são Espíritos que provocam o fenômeno.

Procure verificar se outros tipos de literatura também lhe causam os mesmos sintomas, ou se são alguns autores ou o gênero de assuntos. Procure verificar ainda o horário em que você costuma ler, se não está próximo às refeições, ou se você está cansado, ou com sono. Ler após as refeições pode causar bocejos, porque o estômago requer uma maior quantidade de sangue para realizar a digestão. É preciso verificar se você tinha o hábito da leitura anteriormente, pois um grande número de brasileiros não cultivam esse hábito. Se todas essas hipóteses forem nulas, pode ser que esteja sob alguma influência negativa. Para libertar-se dela, a primeira coisa é insistir na leitura. Certamente, um tratamento espiritual pode ajudar, mas a sua decisão de ler, e a escolha de bons autores, com certeza fará com que você se habitue à leitura. De qualquer modo não desista, porque o espírita que não lê fica prejudicado na sua formação doutrinária.

Descaminhos

P *Considero perdida esta reencarnação, pois tenho a certeza que nasci para ser musicista, no entanto, fui muito cedo para o trabalho na agricultura, depois para as fábricas na cidade. Por fim, casei-me, vieram os filhos, os netos e bisnetos, e nunca sobrou tempo para aprender a tocar um instrumento musical. O que fazer?*

R Primeiramente, se você tiver a oportunidade de aprender música agora, aprenda, pois você reencarnará, futuramente, e terá mais facilidade para aperfeiçoar seus conhecimentos. Contudo, não se lamente. Se você não aprendeu a tocar algum instrumento musical, com certeza você é o instrumento. Deus sopra o fôlego da vida e a melodia acontece através de você. Todas as vezes em que aconselhou alguém, orientou os seus filhos e netos, clamou por justiça, amparou o pobre, deu de comer a quem tem fome, de beber a quem tem sede, falou pelos que não sabem falar, protegeu um deserdado, você orquestrou a vida. Assim como um pianista ou um violonista dedilha o seu instrumento, Deus pode estar dedilhando você, como um engenho capaz de responder aos anseios do musicista. Dedilhando as cordas do seu coração, como uma harpa divina, Deus se faz presente no mundo das formas, enquanto enxuga lágrimas, consola aflitos, ilumina corações, educa, ampara, fortalece através de sua pessoa. Portanto, você pode não ser musicista, mas pode ser o agente que recebe o sopro da vida e executa a pauta do amor. Não perca a sua vontade de aprender música. Continue cultivando esse desejo, e mais cedo ou mais tarde você estará tocando numa orquestra.

O endemoniado gadareno

P *É verdade que Jesus expulsava demônios e os enviava para manadas de porcos, como na parábola, afogando-os no mar? Como pode ser isso?*

R Esta é uma passagem evangélica que precisa ser bem compreendida[1]. Demônios, conforme a acepção dada a essa palavra, não existem. Há, sim, Espíritos. Antes da era cristã, a palavra *demônio* tinha o significado de *gênio*. Sócrates era acompanhado por um demônio que o inspirava. Conhecendo o perfil moral de Sócrates, os seus ensinamentos, esse demônio jamais poderia ser mau. A passagem a que você se refere tem o título de *O endemoniado gadareno*, ou geraseno.

[1] *Mateus, 8:28-34; Lucas, 8:26; Marcos, 5:1.* (N. do A.)

Conta que Jesus, passando com os seus discípulos próximo a um cemitério onde vivia um homem obsedado, que andava nu e arrebentava as correntes com que o prendiam, apiedou-se do homem e dirigiu-se a ele, o que revoltou os obsessores. Jesus perguntou ao Espírito que dominava o aparelho fonador do enfermo: *qual o seu nome*? *Legião*, respondeu ele, *pois somos muitos*. Porém, vendo que nada mais poderiam fazer, porque a força moral de Jesus era irresistível, pediram para passar para a vara de porcos que ali perto pastava, e Jesus consentiu. Os porcos se assustaram e precipitaram-se no abismo, morrendo afogados.

Os Espíritos não *entraram* nos porcos, como não estavam *dentro* do homem, e sim, ao lado, juntos. Aqueles Espíritos vibravam em tão baixa sintonia, que, assustando os porcos, precipitaram-nos no abismo.

Que fique bem claro, não existem demônios, e sim Espíritos, que podem ser muito atrasados, mas que, absolutamente, não se enquadram nessa metáfora.

Obsessão coletiva

P *É possível uma obsessão coletiva, de uma cidade, por exemplo, como Allan Kardec relata na* Revista Espírita*?*

R Sim, é possível a obsessão coletiva, e Allan Kardec realmente relata o fenômeno, sob o título *Os Possessos de Morzine*[1]. Antes de expor o fato, queremos falar alguma coisa sobre a Revista Espírita. Allan Kardec publicou-a de janeiro de 1858 a abril de 1869. É de suma importância conhecê-la, especialmente os dirigentes e oradores, expositores de doutrina, etc. Morzine era uma pequena e pacata cidade onde, repentinamente, as jovens, e alguns rapazes, entrando em transe, deram passividade mediúnica

[1] Revista Espírita. *dez/1862; jan-fev/1863; abr-maio/1863.* (N. do A.)

a Espíritos de baixa qualificação moral e que se autodenominavam *demônios*. Quando envolvidas, as moças, geralmente simples e tímidas, passavam a ter força descomunal, e somente controladas com a ajuda de vários homens. Por vezes, muitas eram envolvidas ao mesmo tempo, quebrando tudo o que estivesse ao seu alcance. Sacerdotes virtuosos tentaram exorcizá-las, sem sucesso. O governo providenciou médicos alienistas,[1] que diagnosticaram histeria, epilepsia, e até fraude, mas não resolveram o problema, que, pouco a pouco foi se diluindo, sendo muitas delas internadas com diagnósticos de alienação mental. Allan Kardec foi observar de perto, e recebeu relatórios de vários espíritas, mas não interferiu, pois não tinha autorização para isso. Ele próprio diz que, *em certas circunstâncias, Espíritos maus descem em verdadeiras chusmas sobre certos povoados, causando a loucura aparente.*

Laços materiais e espirituais no além-túmulo

P *Gostaria de saber se os mortos continuam amando a família e os amigos, e se permanecem interessados nos seus trabalhos ou negócios?*

O motivo da pergunta deve-se ao fato de que a maioria não se comunica, sequer enviando mensagens.

R Para tornar a resposta compreensível, é preciso explicar que existem laços espirituais e laços materiais unindo as famílias. No segundo caso, pouco ou nenhum interesse existe para manterem a ligação afetiva. No caso dos laços espirituais, sim. Após a separação pela morte, ou desencarnação, os Espíritos continuam se amando e se ajudando reciprocamente. Realmente, a maioria dos Espíritos nunca

[1] *Alienista: à época, designativo de médico psiquiatra.* (N. do E.)

enviou mensagens através de médiuns, ou sequer puderam aparecer aos seus amigos e entes queridos. Isto se dá por vários motivos, entre eles, a escassez de médiuns capacitados para esse intercâmbio, ou disponíveis, pois a maioria já tem compromissos espirituais em vários setores do trabalho mediúnico. Entretanto, isso não quer dizer que não se comunicam, pois o contato pode acontecer pelo pensamento ou pelos sonhos. Ao dormir, a pessoa se emancipa da matéria e poderá encontrar-se com os amigos e os parentes, bem como os inimigos.

O fato de não se ter uma lembrança clara não anula a possibilidade de comunicação. Há Espíritos que nem mesmo se afastam do lar e continuam querendo dirigi-lo, dominá-lo. Alguns nem percebem que morreram, e perturbam a harmonia da casa. Outros influem para ajudar, e há os que deixaram trabalhos importantes e neles continuam interessados, influenciando pessoas capazes de dar continuidade aos seus planos. Com certeza, estamos muito mais próximos dos nossos entes queridos do que pensamos.

Mediunidade ou adivinhação?

P *Fui com uma amiga assistir a uma sessão espírita, onde o médium fazia coisas consideradas impossíveis, no entanto, não foi capaz de saber o meu nome; disse que iria casar-me antes dos 25 anos; eu já sou casada, e tenho 26. Não é pura perda de tempo?*

R Concordamos que é pura perda de tempo procurar coisas tão insignificantes. Em primeiro lugar, médium não é um ser mágico, um adivinho ou um feiticeiro. Não é essa a finalidade da mediunidade e da Doutrina Espírita.

No livro *O que é o Espiritismo*, Allan Kardec assinala: *O Espiritismo tem por finalidade a constatação e o estudo das manifestações dos Espíritos, de suas faculdades, de sua situação feliz ou infeliz e de seu futuro; em suma, o conhecimento do mundo espiritual. Estando comprovadas essas manifestações, elas tem por resultado a prova irrefutável da existência da alma, de sua sobrevivência ao corpo, de sua individualidade após a morte, ou seja, da vida futura. É por isso mesmo, a negação das doutrinas materialistas, não mais por raciocínio, mas por fatos.*[1] Como você vê, prezada ouvinte, o Espiritismo é muito mais do que adivinhações. Enganam-se os que pensam que os Espíritos, por não terem um corpo físico, tudo sabem, penetram em tudo, e sejam sábios. Esquecem-se que os Espíritos são as almas dos homens que viveram na Terra e em outros mundos, e o seu saber é limitado à sua evolução. Ir a um centro espírita para saber se vai casar-se ou não, se vai conseguir trabalho, ter filhos, ou fazer um bom negócio, é, realmente, perder um tempo precioso. Aliás, seria bom que antes de ir a um centro espírita, as pessoas procurassem conhecer a Doutrina Espírita. Antes de crer, é preciso compreender.

"Consultas" espirituais

P *Fui "consultar" uma médium que revelou-me estar sendo traído por aquele que julgava ser meu melhor amigo; que devido a isso, perderia o emprego e a esposa. Tudo o que ela disse aconteceu. Perdi o emprego, e estou me separando da minha mulher. Meu ex-amigo não quero mais vê-lo. O que faço?*

R Infelizmente, você se deixou enredar pelas tolices maldosas de alguém que explora a mediunidade em proveito próprio. Essa pessoa não é espírita, não tem nenhum conhecimento da Doutrina Espírita, onde as

[1] *Kardec, op. cit. it.20.* (N. do A.)

faculdades mediúnicas são utilizadas para o bem. O que aconteceu, certamente, foi que você se predispôs a fazer com que as previsões da tal médium se realizassem. Se você observar bem, verá que a descrição do seu melhor amigo, feita pela pseudo-médium, se enquadra em várias pessoas com quem você tem relacionamento. O trabalho profissional você pode ter perdido por incompetência, ou por outros motivos que dizem respeito à empresa. Quanto à sua esposa, você passou a desconfiar e ver tudo de acordo com as lentes que colocou em seus próprios olhos. Os Espíritos bons não se comunicam para confundir ou prejudicar a vida das pessoas mas sim, para construir o bem e espalhar o amor. As comunicações espíritas orientam, mas não fazem pela pessoa o que ela tem que fazer por si mesma. O que fazer agora? Peça perdão ao seu amigo e à sua esposa. Não mantenha desconfianças. Aplique-se em conseguir um novo emprego e cumpra os seus deveres com dedicação. Não gaste o seu dinheiro com consultas tolas, e não se deixe influenciar por coisas negativas.

Parábola do Filho Pródigo

P *Não compreendo o significado da Parábola do Filho Pródigo. Acredito ser um incentivo à irresponsabilidade dos jovens, porque estes sabem que o pai sempre estará em casa para garantir tudo. Não concordam comigo?*

R Não concordamos com você, e consideramos que é uma das mais belas parábolas contada por Jesus de Nazaré; consta do Evangelho de Lucas, versículos 11 ao 32, do capítulo 15. Não vamos repetir o texto, mas lembrar que a maioria das pessoas têm sido como o filho pródigo diante da vida. Nascemos com inúmeras possibilidades de realizações, e vamos desperdiçando-as pelo caminho. Mas é bom saber que o Pai Maior, por meio das suas leis magnânimas, está sempre pronto a nos receber e dar-nos novas oportunidades. A vida alimenta-nos com o amor, a fé, a esperança. O alimento é abundante. Entretanto, não raro, queremos aventurar-nos a outras sensações. O alimento abundante começa a escassear. Chegamos a ponto de desejar o *alimento dos porcos*, que na linguagem analógica do Novo Testamento, significa as sensações mais baixas da matéria. Reduzimo-nos ao alimento de vibrações pesadas, viciosas, e sofremos até despertar do pesadelo que nos envolveu. Retornamos, então, ao lar paterno, envergonhados, submissos; mas Deus, que não deseja a morte do pecador, e sim a sua renovação, nos proporciona novas oportunidades de redenção. Os que se julgam retos, direitos, e que nunca desobedeceram por medo das conseqüências, reclamam e dizem ao Pai que sempre trabalharam e nunca foram recompensados, como aquele desajuizado. Não percebem, no seu egoísmo, que nunca sofreram falta de nada. Não percebem a vida abundante que possuem.

O sentido da vida

P *Assisti um programa de televisão, em que várias pessoas respondiam à pergunta:* Qual o sentido da vida? *Nenhuma resposta me pareceu correta. Será que o Espiritismo tem essa resposta?*

R Acreditamos que o Espiritismo tem a resposta. Logicamente, é difícil responder sinteticamente, o sentido da vida é isso ou aquilo, mas se tivéssemos que responder de forma breve, diríamos que o sentido da vida é o Amor. Quando Deus criou a vida, foi um ato pleno de mais puro Amor. É verdade que muitos seres humanos não amam, contudo, amarão um dia. Podemos dizer, também, que o sentido da vida é a espiritualização dos seres, assim como o progresso, a evolução. Em nosso mundo, ainda atrasado, onde a maioria acredita que Deus tem a forma humana, e a Ele empresta as suas virtudes e os seus defeitos, é difícil fazer uma idéia exata de Deus e dos seus atributos, quanto mais querer saber porque Deus fez as coisas como são. Se tivéssemos uma única existência e um destino definitivo, não poderíamos nem mesmo supor qual o sentido da vida. Se afirmamos anteriormente, que é o Amor, é porque, criado simples e ignorante, o Espírito progride pouco a pouco, e desenvolve a inteligência e o amor. Embora o nosso amor ainda seja imperfeito, com certeza, a plenitude do amor anula o ódio e constrói a vida. Somos seres imperfeitos, porém, perfectíveis. O amor é a força motriz que impulsiona o universo, move as estrelas, regula as marés, estronda as cataratas, amamenta os filhos e dá qualidade à vida. O amor não se vende, não se compra, nem se dá; ele compartilha a sua essência com todos indistintamente. Ame e compreenderá o sentido da vida.

Leitura do passado

P *Movida por problemas de relacionamento com a família, consultei uma médium que revelou-me ter sido, há muitos séculos, uma piedosa freira a cuidar dos pobres; no entanto, depois tive uma existência como uma cortesã sem caráter, e ainda uma envenenadora. Pode ser verdade o que foi revelado?*

R Certamente não pode ser verdade, pelo menos na ordem em que foi colocado. O Espírito não retrograda. Pode permanecer estacionário, mas não recua na sua evolução. Se a médium houvesse colocado no sentido inverso, haveria possibilidade de ser verdadeiro. Mesmo assim, é bastante duvidoso, pois é difícil conceber que alguém, em poucos minutos, possa entrar na intimidade de uma pessoa e descobrir fatos de vidas pretéritas. Mesmo com a intenção de melhorar o relacionamento, procurando descobrir o que aconteceu no passado, acreditamos ser uma intervenção indevida. Disso poderá surgir a indagação se não acreditamos nas terapias de vidas passadas; acreditamos sim, porque compreendemos os mecanismos, porém, somos de opinião que é preciso razões muito fortes para que esses fatos sejam revelados. O passado já passou e não pode ser mudado. Logicamente, ele nos ajuda a compreender o presente. Raramente se justifica essa incursão pois, com freqüência, os nossos problemas são oriundos do momento atual. Se você é capaz de ser mais paciente com alguém que tenha prejudicado nessa vida, por que não ter paciência, prejulgando que algum fato ocorreu em outras vidas? Observando nossas tendências, reações e instintos, podemos fazer idéia, não de quem fomos, mas da nossa conduta anterior.

Opção por reencarnar

P *Eu tenho direito de recusar-me à reencarnação, e permanecer na erraticidade, se isso me aprouver, se estiver satisfeito com a minha situação evolutiva? Afinal, não sou dono de minha vontade?*

R Realmente, você é dono de sua vontade. Contudo, quando Deus nos criou, outrora, na noite dos tempos, como embriões espirituais, colocou em nosso íntimo a chama, o desejo do progresso. O Espírito, por sua rebeldia, ou livre-arbítrio, pode recusar-se a reencarnar, mas o desejo natural de progredir fará com que enfrente aquilo que mais teme, que é a estada num corpo de carne. Embora o Espírito possa adiar a reencarnação, por um tempo que não podemos avaliar, *O Livro dos Espíritos* afirma que Deus pode impor uma reencarnação: Pergunta 337 – *A união do Espírito com determinado corpo pode ser imposta por Deus? Pode ser imposta, da mesma maneira que as diferentes provas, sobretudo quando o Espírito ainda não está apto a fazer uma escolha com conhecimento de causa. Como expiação, o Espírito pode ser constrangido a se unir ao corpo de uma criança que, por seu nascimento e pela posição que terá no mundo, poderá tornar-se para ele um meio de castigo.* Embora o livro fale em constrangimento e castigo, precisamos considerar que a vida é paciente, e essa decisão é tomada com cautela e bondade. Somos seres imperfeitos, mas perfectíveis, e o pouco que avançamos na senda do progresso, facilita os próximos passos e aumenta o desejo de alcançar um estágio que nos isente das dores.

Educar o mundo com Amor

P *Gostaria de saber como o Espiritismo espera conseguir a transformação do mundo: seria por meio das ameaças de reencarnações dolorosas? Se afirmativo, duvido que isso faça algum efeito, a não ser em mentes fracas. Estou certo?*

R O Espiritismo não se propõe a transformar os homens por meio de ameaças. As instituições religiosas cristãs vêm fazendo isso há quase dois mil anos, e pouco conseguiram até agora. As doutrinas orientalistas, que admitem a reencarnação, também ameaçaram com reencarnações dolorosas, e até com a metempsicose, ou seja, a alma humana reencarnando em corpos de animais irracionais, e teve, também, pouco resultado. O Espiritismo pretende ajudar o homem a transformar o mundo pela Educação. Saber quem somos, de onde viemos e o que estamos fazendo na Terra, é vital para a melhoria do homem.

Desde *O Livro dos Espíritos*, que a tese espírita é a da Educação. O homem se transforma à medida que se esclarece. Não há a pretensão de salvar o mundo, mas, sim, iluminá-lo pelo conhecimento. A Doutrina Espírita ensina a imortalidade dinâmica, isto é, que somos imortais para alcançarmos a perfeição, e a alcançaremos através das reencarnações. Com isso, aprendemos que somos todos irmãos e precisamos ser fraternos e solidários. Como podemos perceber, a reencarnação não estimula o progresso por ameaças de castigos, e sim, porque é fator de evolução, crescimento, aprendizado.

Pouco a pouco, todos se conscientizarão dessa proposta espírita, e verão que realmente vale a pena educar o mundo para transformá-lo.

A verdadeira aristocracia

P *Sou bem formado politicamente, e lastimo os espíritas que tentam mudar o mundo por intermédio da assistência social e de pregações evangélicas que ensinam uma igualdade absurda. Quem governa e dita as regras são os melhores, por isso o nome aristocracia. Concordam?*

R Não podemos concordar com sua opinião, que retrata de forma distorcida os objetivos do Espiritismo. Não tentamos mudar o mundo a golpes verbais, e sim, iluminá-lo pelo conhecimento. A caminhada da humanidade é feita de forma lenta, mas não pode ser impedida. Você cita as aristocracias, e é preciso lembrar que nas épocas primitivas a liderança pertencia aos anciãos; posteriormente, aos mais fortes, e em seguida, a dos nobres, dos bens nascidos.

Veio a seguir, a supremacia do dinheiro, sucedida pela da inteligência. No entanto, o Espiritismo ensina que, no futuro, teremos uma aristocracia intelecto-moral. Isso quer dizer que homens inteligentes e moralmente elevados serão os condutores do mundo. Logicamente isso não vai acontecer de um momento para outro, mas com certeza o Espiritismo poderá dar uma enorme contribuição para apressar essa era, pois, bem compreendido, estimula a solidariedade, além de demonstrar a ligação entre os atos do passado e do presente. Mesmo que lentamente, a humanidade progride, o mundo progride. Compreenda, também, que não se trata de um dogma espírita. Tudo no Espiritismo pode ser debatido, discutido, questionado. Nada deve ser aceito cegamente. A assistência social feita pelos espíritas, é uma forma de solidariedade, de fraternidade. Por tudo isso é que podemos considerar que o Espiritismo é o precursor da aristocracia intelecto-moral.

A mediunidade de Kardec

P *Já tomei conhecimento de que Allan Kardec não era médium. Deduzo que baseou-se em mensagens recebidas por terceiros. Como ter a certeza da verdade, pois essa escolha poderia suscitar a vaidade de ser o nº 1 do Espiritismo?*

R Você está certa ao dizer que Allan Kardec não era médium, no sentido que damos a essa palavra. Isso quer dizer que ele não era médium ostensivo, capaz de provocar fenômenos. Contudo, era médium no sentido que todo ser humano é. Ele mesmo classificou essa mediunidade como generalizada. Quanto à sua missão de sistematizar e contribuir na elaboração da Codificação Espírita, não houve nenhum sentimento de vaidade, e nenhuma promessa especial por parte dos Espíritos, que lhe facultassem facilidades para viver. Kardec tomou contato com os fenômenos espíritas já na maturidade, aos 50 anos. Já havia sofrido dificuldades e enfrentado lutas acerbas para a própria sobrevivência. Para você fazer uma idéia dessas lutas, vamos reproduzir um trecho da mensagem dirigida a ele pelo Espírito da Verdade. *A missão dos reformadores é cheia de escolhos e perigos. A tua é rude, previno-te, pois terás que revirar e transformar o mundo inteiro. Não penses que te bastará publicar um livro, dois livros, dez livros e ficar tranqüilamente em casa. Não! Terás que expor a tua pessoa. Suscitarás ódios terríveis; inimigos encarniçados conjurarão a tua perda. Serás alvo da maledicência, da calúnia, da traição, mesmo da parte daqueles que te parecem os mais dedicados. Tuas melhores instruções serão desprezadas e deturpadas. Mais de uma vez serás vencido pela fadiga. Em suma, terás que sustentar uma luta quase constante com o sacrifício do teu repouso, de tua tranqüilidade, de tua saúde e mesmo da tua vida, porque sem isso viverias mais tempo*[1]. Por esse trecho da mensagem (e a previsão aconteceu inteiramente), Kardec não se intimidou, sequer recuando de sua missão. Seguiu firme até completá-la.

Moral x moralismo

P *O Espiritismo é muito moralista; já estou farto de ouvir sermões de padres, pastores, e agora de oradores espíritas ou de Espíritos comunicantes. Será que não basta de tanta pregação? Não basta o Evangelho? O que mais o Espiritismo tem a acrescentar?*

R O que em sua opinião não passa de pregação espírita, na realidade são advertências para que o homem compreenda o que está fazendo na Terra, e o seu destino transcendente. Via de regra, o Espiritismo não condena, pois reconhece o livre-arbítrio das pessoas. Entretanto, é necessário

[1] *Kardec, Allan.* Obras Póstumas. *Segunda parte, São Paulo, Lake Editora, 1998, 12. ed.* (N. doE.)

expor a doutrina, inclusive, para que as pessoas possam conhecer para optar. Essa questão que você nos coloca, foi colocada a Kardec no século passado, e encontramos no livro *A Gênese*, um texto que responde àquela e à sua: *O que os ensinamentos dos Espíritos acrescentam à moral do Cristo, é o conhecimento dos princípios que relacionam os mortos com os vivos, que completam as vagas noções que haviam sido dadas sobre a alma, seu passado e seu futuro, e que apresentam como sanção à Doutrina as próprias leis da natureza. Graças às novas luzes trazidas pelo Espiritismo e pelos Espíritos, o homem compreende a solidariedade que liga todos os seres; a caridade e a fraternidade tornam-se uma necessidade social; o homem passa a fazer, por convicção, o que só fazia por dever e por isso age melhor. Os homens só poderão dizer que não precisam mais de moralistas encarnados ou desencarnados, quando praticarem a moral do Cristo. E então Deus também não mais os enviará com esse fim*[1]. Será, que já não precisamos mais de moralistas encarnados e desencarnados?

Milagres e curas

P *Como o Espiritismo encara os milagres? Essas curas alardeadas por médiuns operadores não se enquadra neste tema? Jesus fez milagres?*

R O Espiritismo encara os milagres como acontecimentos naturais, portanto, não são *milagres*, na acepção da palavra, pois admiti-los seria derrogar as leis da Natureza, e Deus não criou leis para serem derrogadas. O milagre tem uma explicação natural que precisa ser compreendida. Comenta-se muito as curas realizadas por Jesus, classificando-as como tal, entretanto, os maiores prodígios realizados pelo Mestre,

[1] *Kardec, Allan.* A Gênese. *São Paulo, Lake, 1999. c.1, it. 55.* (N. do A.)

foram as conversões de pecadores empedernidos em homens de bem. Por exemplo, a transformação de Zaqueu, de cobiçoso e avarento, num homem bom e caridoso.

Se você pergunta se as curas realizadas por Jesus foram derrogações das leis naturais, nós respondemos que não. Jesus operou leis naturais que ainda desconhecemos em sua intimidade. As curas referidas, realizadas por médiuns cirurgiões, quando acontecem, não são milagres, e sim, ação fluídica dos Espíritos sobre o paciente.

Pessoalmente, somos contrários às operações com instrumentos cortantes.

Da mesma forma que Jesus, porém em escala menor, os Espíritos podem intervir no plano material e realizar curas, das quais temos alguma noção pelas leis dos fluidos. Entretanto, como Jesus, as mais importantes curas realizadas pelo Espiritismo são as morais, as transformações dos caracteres, os egoístas que se tornam caridosos, os violentos que se tornam pacíficos, os maus que se tornam bons. Todos nós também podemos fazer essa qualidade de milagres, transformando-nos para o bem.

Enchentes: castigo divino?

P *As enchentes que acontecem todos os anos e causam muitos prejuízos materiais, risco à saúde e à vida, etc., são castigos de Deus, ou ação do destino?*

R Embora os fenômenos metereológicos sejam naturais, os homens neles exercem grande influência, pois a imprevidência, a falta de planejamento, a ocupação de terrenos impróprios, a superpopulação urbana, assim como a manutenção de galerias de águas pluviais é responsabilidade humana. Teria Deus o seu quinhão de culpa? Poderia ele determinar que fosse diferente? Sempre nos utilizamos das expressões; *se Deus quiser, vou sarar, se Deus quiser vou comprar uma casa, Deus sabe o que faz...* Evidentemente, tudo o que acontece é com a permissão de Deus. Porém, não vamos pensar que ele aja como um ser humano, digamos um burocrata, deferindo ou indeferindo os pedidos da humanidade. Esse relacionamento acontece por intermédio das suas leis, e dentre elas, o livre-arbítrio, e a lei de causa e efeito. O livre-arbítrio exerce, também, grande influência. Somos livres para fazermos o que quisermos, mas nos obrigamos a sofrer as conseqüências boas ou ruins dos nossos atos. A grande dificuldade, são os limites de nosso campo de visão, pois o prisma pelo qual enxergamos a vida, restringe-se a uma só encarnação. Isto quer dizer que vemos apenas um ângulo do quadro e acreditamos estar vendo a obra inteira. Deus não criou o mal, criou leis. Quando nos afastamos ou burlamos essas leis, certamente sofremos as conseqüências. Com tudo isso, não quer dizer que Deus, ou os seus auxiliares, tenham algum controle sobre os nossos erros ou afrontas às leis naturais vigentes em nosso mundo. A vida não é punitiva. A sua maior finalidade é o aperfeiçoamento do Espírito. Deus não manda as enchentes para punir os homens, mas as suas leis determinam reações que, não raro, são dolorosas.

Sodoma e Gomorra

P *Como o espírita entende a destruição de Sodoma e Gomorra, e se o fato de o homem valorizar o* ter, *e não o* ser, *não nos aproxima do final dos tempos?*

R Realmente, vivemos momentos difíceis na Terra, onde virtudes como lealdade, bondade, solidariedade são esquecidas e ridicularizadas. Levar vantagem em tudo, odiar os mais fortes e menosprezar os mais fracos é a ordem presente. Porém, não está tudo perdido. É grande o número de homens honestos, virtuosos, compreensivos, que equilibram a balança. Se temos a impressão que o mal vence sempre, é porque os bons não são bastante ousados para mostrar o que fazem e como fazem. A humanidade marca a sua jornada evolutiva por períodos ou ciclos. Certamente, estamos próximos do final de um ciclo evolutivo para início de outro. Como aconteceu em Sodoma e Gomorra, haverá cataclismos internos característicos à nossa personalidade. Temos que destruir os altares consagrados ao gozo, aos desmandos, aos vícios, assim como as estátuas dos deuses que insuflam ao prazer, ao egoísmo, à rapinagem. Cansados de sofrer o domínio da matéria e de desgastar-nos na intemperança, acolhemos com prazer a destruição. Entretanto, era bom ter o poder, a glória, a soberba, e por isso olhamos para trás para ver se sobrou ao menos a estátua de um deus, ou um altar a Moloch, e nos petrificamos, como a esposa de Lot; como tivéssemos que aguardar por mais um ciclo evolutivo para libertar-nos das inferioridades e erguermo-nos a um patamar mais alto. Para nós, a destruição de Sodoma é a destruição das nossas ilusões sensoriais, para o início de um novo ciclo de evolução.

Espiritismo no mundo

P *Allan Kardec não foi muito otimista ao pensar que o Espiritismo abarcaria o mundo em 50 anos?*

R O Espiritismo teve um desenvolvimento tão rápido nos seus primeiros dez anos, que levou Allan Kardec a fazer essa projeção otimista para o futuro, afirmando que, em 50 anos, o Espiritismo abrangeria toda a Terra. Teria sido ele muito otimista ou haveria um pouco de romantismo e mesmo ingenuidade nesta afirmação? A resposta é não, para as duas possibilidades. Kardec não era otimista por simples entusiasmo, mas um homem previdente, analista profundo dos acontecimentos da sua época, e aplicava a mesma imparcialidade analítica nos assuntos relacionados ao movimento espírita. Também não possuía temperamento romântico, sequer ingênuo, por ser prático. O que teria acontecido então? Certamente, Kardec nunca quis dizer que o mundo seria espírita, e sim que as idéias espíritas como reencarnação, causa e efeito, mediunidade, mundos habitáveis, outros estados da matéria, permearia o conhecimento humano, influenciando-o grandemente. Kardec fez a sua parte, e suas observações tiveram continuidade com Léon Denis, Gabriel Dellane, Gustave Geley, e muitos outros. Aqui no Brasil, desde o século passado com Bezerra de Menezes, e neste século com Eurípides Barsanulfo, Cairbar Schutel, Batuíra, Chico Xavier, Herculano Pires, Divaldo Franco e tantos outros, tem havido grande contributo à realização dessa previsão de Kardec. Se considerarmos, como acima, que as idéias espíritas permeiam o conhecimento da humanidade, a previsão está se realizando, com toda a certeza, pois a literatura, as artes, bem como o cinema e o teatro, falam do Espiritismo constantemente. Nem Kardec, e nenhum espírita de bom senso, jamais pensaria em hegemonia espírita.

Subjugação

P *Pode um Espírito entrar no corpo de uma pessoa e dominá-la a ponto de subjugar os seus pensamentos e ações?*

R Um Espírito pode, realmente, dominar um encarnado a ponto de anular a sua vontade e obrigá-lo a praticar atos contra a sua vontade. Entretanto, essa é uma ação consentida pela vítima, embora não de forma consciente, mas com certeza, de alguma maneira que permita essa atuação. Entretanto, a raiz da sua pergunta está em saber se o Espírito entra no corpo do encarnado, e a resposta é NÃO! De forma alguma um Espírito pode entrar dentro do corpo de outra pessoa, nem mesmo para transmitir uma mensagem. A influência do desencarnado, seja um obsessor ou um bom Espírito, é de mente para mente. É certo que há todo um mecanismo de influenciação por meio dos fluidos, da atmosfera espiritual do desencarnado. Por exemplo: Espíritos atrasados, maldosos, vingativos, carregam consigo uma atmosfera fluídica, ou aura, torturante, pesada, asfixiante. O médium sente essa influência, mas sua educação mediúnica o liberta dela, tão logo termine a comunicação. No entanto, o obsedado e o subjugado permanecem sofrendo essa influência constantemente, por isso descontrola-se, adoece, desequilibra-se, a ponto de parecer uma patologia verdadeira. Mesmo nós, os encarnados, não estamos encerrados dentro do corpo como um pássaro na gaiola. O Espírito irradia para fora do corpo, ou mesmo afasta-se dele, embora continue a ele ligado por fios invisíveis com elasticidade suficiente para alcançar grandes distâncias.

Autenticidade dos Evangelhos

P *Por que os discípulos de Jesus só escreveram os Evangelhos, cerca de trinta anos após a crucificação? Eles são confiáveis?*

R Os discípulos demoraram em tornar públicas as anotações que fizeram, porque acreditavam que Jesus retornaria brevemente. Com o passar dos anos, compreenderam que as suas palavras tinham um sentido mais profundo e atemporal. A partir de então, Mateus resolveu tornar pública as suas anotações, embora, ao que pareça, Marcos, que era sobrinho de Simão Pedro, tenha publicado o seu evangelho anteriormente, baseado nas lembranças do Apóstolo. Lucas fez as suas anotações, a pedido de Paulo, e, ao que parece, entrevistando várias pessoas que conviveram com Jesus de Nazaré. João foi o último a tornar público os seus apontamentos. Entretanto, não existe nenhuma garantia de que essas pessoas, ou alguém, por ordem delas, tenham sido os autores.

No início do Cristianismo havia muitos evangelhos atribuídos a várias pessoas. Por ordem do Papa Dâmaso, Jerônimo foi encarregado de escolher os que seriam legitimados como autênticos; os demais foram considerados apócrifos, falsos. Os Espíritos ligados ao evangelismo têm dado sanção a essa escolha de Jerônimo. Allan Kardec, prevendo todas as dificuldades passadas e futuras, considerou apenas o conteúdo moral dos Evangelhos, que são excelentes para todos os tempos.

Mesmo que esses ensinamentos não fossem de Jesus de Nazaré, com certeza são dignos da sua doutrina de amor, perdão e bondade. Mais do que descobrir as origens e autenticidade dos evangelhos, vamos viver os seus ensinamentos.

Por que orientar os Espíritos?

P *Não compreendo por que os espíritas, em suas sessões, perdem tempo com Espíritos atrasados, rancorosos, vingativos. O que podem fazer por nós os Espíritos atrasados?*

R Não podemos concordar com você, pois entre as funções espíritas, está, segundo ensinou Allan Kardec, a moralização dos Espíritos inferiores. Esta é uma função nobre, que deve ser realizada com amor e humildade. A respeito desse assunto, Herculano Pires, um dos mais lúcidos discípulos de Allan Kardec, escreveu alguns comentários na obra *Iniciação Espírita*, como notas explicativas: *As pessoas que repudiam as comunicações de Espíritos inferiores, ao invés de ajudá-los a se esclarecerem, não compreendem o verdadeiro alcance do Espiritismo. Kardec mostra como essas comunicações nos instruem e advertem. Impedi-las seria também uma falta de caridade. O Espiritismo não se dirige a uma elite orgulhosa, mas a toda humanidade visível e invisível. Como Jesus, ele repete: Deixai vir a mim os pequeninos. Os Espíritos inferiores, mais ligados a nós do que aos Espíritos elevados, em virtude do seu apego à matéria, são mais acessíveis ao nosso esforço de esclarecimento.*[1]

Está aí, o pensamento lúcido de Herculano a respeito do assunto. Apesar de toda evolução do pensamento, a persuasão oral, com base no amor e na caridade, ainda é o melhor tratamento psicológico, e é por meio dele que cuidamos de obsedados e obsessores, procurando contribuir para com o saneamento do ambiente em nosso mundo. Reflita na possibilidade de estar ajudando a moralizar Espíritos sofredores.

Impunidade

P *A impunidade estimula o crime, e temos provas concretas disso em nossa vida cotidiana. Quando o Espiritismo afirma que o inferno e as penas eternas não existem, não está estimulando o erro e a impunidade? As afirmações espíritas não representam um mal?*

R Em hipótese alguma o Espiritismo é um mal. Além disso, não prega a impunidade. O Espiritismo é uma das doutrinas que melhor explica a lei de causa e efeito. Ensina que somos os construtores de nosso destino. Somos livres para fazermos o que quisermos, mas somos obrigados a colher os frutos da

[1] *Pires, Herculano.* Iniciação Espírita. *São Paulo, Edicel; 9ª ed. it. 1984.* (N. do A.)

nossa sementeira. Não existe impunidade no Universo. Você pode perceber que a própria Natureza, agredida pelos desmandos dos homens, responde com cataclismos dolorosos. Entretanto, justiça não é vingança. É sim, reeducação. Não existem, realmente, castigos eternos, nem faltas irremissíveis, porque a misericórdia de Deus criou seres imperfeitos, mas perfectíveis. Se tivéssemos uma única vida, certamente seria difícil entender a misericórdia da lei, contudo, a reencarnação oferece as oportunidades de remissão dos nossos erros. Vamos dar um exemplo: um homem mau persegue sua vítima por muito tempo, causando-lhe desgostos e sofrimentos e por algum motivo, vem a matá-la. Se o assassino for para o inferno, seu ódio continuará. Entretanto, se num dado tempo ela reencarnar e receber como filho aquele que a matou, protegidos ambos pela lei do esquecimento do passado, o assassino da outra vida poderá amar e proteger a sua antiga vítima. Permanecerão ligados até que todo o ódio seja desfeito, todas as diferenças sejam acertadas, e o amor predomine.

Escala Espírita

P *Fiquei sabendo que Allan Kardec fez uma escala dos Espíritos, e gostaria de saber, se ela é inalterável?*

R Recomendamos a você a leitura, seguida do estudo de um livro simples, que contém três obras, que você encontrará nas livrarias espíritas, com o título: *Iniciação Espírita*, contendo: *O Espiritismo em sua mais Simples Expressão, O Que é o Espiritismo* e *Instruções Práticas sobre as Manifestações Espíritas*. Neste último, encontra-se a Escala Espírita.

Allan Kardec dividiu as categorias de Espíritos, para efeitos didáticos, em três ordens. A terceira ordem é a dos

Espíritos imperfeitos, e podem ser divididos em quatro grupos principais. O caráter geral é a predominância da matéria sobre o Espírito; propensão para o mal; ignorância, orgulho, egoísmo e todas as más inclinações; porém, nem todos são essencialmente maus. Na segunda ordem, estão os Espíritos bons, cujas características principais são: predominância do Espírito sobre a matéria, desejo de praticar o bem, compreensão de Deus e do infinito. Nela estão incluídos os Espíritos superiores. A primeira ordem é a dos espíritos puros, e isso já diz tudo.

Entretanto, esta é apenas uma vaga idéia da amplitude da escala espírita. Insistimos ser de grande importância a leitura do livro indicado. A escala não é fixa ou inalterável, a não ser para os Espíritos puros, pois tanto os da primeira, como os da segunda ordem, são suscetíveis ao progresso.

Mensagens de além-túmulo

P *Perdi o pai há vários meses, e tenho ido a muitos centros espíritas, pois desejo receber uma mensagem, saber como ele está. Já paguei a dois médiuns, pelas mensagens, porém elas não me convenceram. Vocês podem me ajudar, podem me indicar um médium de confiança? Eu pago o quanto for preciso.*

R Podemos ajudá-la sim, mas não indicando médiuns. A maioria das pessoas, ao desencarnar, passa por um período de perturbação, ou mesmo de inconsciência ou sono. Além disso, há Espíritos, que, livres do corpo, não mantêm os mesmos interesses, ou a mesma intensidade de afeto ou de amor. O que significa que o desencarnado pode não ter mais interesse em se comunicar com os que ficaram. Pode acontecer, por outro lado, do Espírito ter um vivo interesse em se comunicar com os que ficaram na Terra, contudo, não tem permissão para fazê-lo. Um outro obstáculo é o de encontrar um médium disponível, com o qual exista afinidade fluídica para que ocorra a comunicação. Portanto, a comunicação com os mortos não é tão simples como possa parecer. Não existem automatismos mediúnicos. Quanto aos médiuns que você pagou para obter a comunicação, certamente não são espíritas, ou não procederiam dessa maneira, pois em Espiritismo, dar de graça o que de graça recebemos tornou-se imperativo. O mais importante, em momentos como este, é acalmar a ansiedade e aguardar serenamente, pois a mensagem poderá chegar quando menos se espera. Poderá ainda, haver um contato entre vocês durante o sono físico, ou ainda pelo pensamento.

Continue amando o seu pai. Ore por ele, e aguarde com tranqüilidade.

Os Espíritos ouvem os sons?

P *Os Espíritos percebem os sons? Precisam do aparelho auditivo para ouvir? Eu ouvi dizer, que eles ficam à nossa volta, ouvindo tudo o que dizemos. É verdade?*

R De fato, há Espíritos que ficam à nossa volta, ouvindo o que falamos e vendo o que fazemos. Via de regra, esses Espíritos são ociosos, ou incapazes de seguir o seu caminho, apegando-se às pessoas da família. Realmente, eles podem ouvir tudo o que falamos, ou podem ler os nossos pensamentos, entretanto, o fazem na medida dos seus interesses bons ou maus. É semelhante à nossa postura, quando num agrupamento de pessoas, onde cada qual tem os seus interesses, os seus assuntos. Por exemplo: se estiver numa festa, numa recepção, com todos conversando ao mesmo tempo, em pequenos grupos, embora o vozerio seja audível, somente prestaremos atenção nos assuntos que nos interessam particularmente. Entretanto, os Espíritos não precisam de ouvidos para escutar. A condição de escutar, ver, sentir está em toda extensão do perispírito. É por isso que não adianta ao Espírito atrasado, especialmente quando interessa aos mais evoluídos, cobrir os olhos ou os ouvidos. Entretanto, não pense que estamos indefesos ante a intromissão dos Espíritos ociosos, pois a nossa moral é a garantia da nossa paz, da nossa privacidade. Os Espíritos superiores não se imiscuem em nossas vidas, pois nos respeitam e são muito discretos; contudo, não podemos dizer o mesmo dos inferiores, que apreciam a maledicência tanto quanto os encarnados ociosos que se lhes assemelham.

Predestinação

P *Por que tantos esforços dos espíritas em fazer o bem para agradar a Deus, se os que vão se salvar ou se perder para sempre já estão predestinados?*

R Não podemos acreditar que alguém leve a sério a doutrina da predestinação, a não ser por fanatismo. Mas antes de responder sobre isso, vamos abordar primeiro, a questão de que os espíritas fazem o bem para agradar a Deus. Nisso também há um equívoco, pois, embora a nossa vida toda esteja voltada para Deus, fazemos o bem por amor à Humanidade. Logicamente esse amor ainda é falho e permeado, não raro, pelo egoísmo ou pela vaidade, no entanto, já existe um grande esforço para acertar. A doutrina da predestinação é de Calvino, e cinge-se a um dos ramos do Protestantismo, ao qual respeitamos. Além disso, consideramos o seu direito de pensar como achar melhor. Entretanto, a Doutrina Espírita tem a certeza de que ninguém está a salvo ou condenado eternamente, por obra e graça de alguma intercessão. Deus nos concedeu o livre-arbítrio, e por meio dele, usando-o bem ou mal, fazemos a nossa caminhada evolutiva ou estacionária. Léon Denis, extraordinário autor espírita, no seu livro *Cristianismo e Espiritismo*, expressa-se assim: *Esse dogma conduz a tão deploráveis resultados, que o próprio Calvino, que o afirmou com todas as suas conseqüências, o denomina, falando dos homens predestinados à condenação eterna, um "horrível decreto" — mas Deus falou — e a razão deve submeter-se.* Denis pondera ainda: *Deus falou! Onde e por quem falou ele? Em obscuros textos, obra de uma imaginação perturbada.* Não devemos nos esquecer de que Deus é o mais puro e perfeito amor.

O Espiritismo faz promessas?

P *Os espíritas realmente acreditam num mundo melhor? O que dizer do mal, da corrupção, do ódio que campeiam à solta? Vocês não estão iludidos por promessas vãs?*

R Acreditamos vivamente num mundo melhor, mais justo e belo. Quem faz o mundo são os homens, e esses, embora imperfeitos, são perfectíveis, isto é, passíveis de aperfeiçoamento. Vivemos um momento ideal para essa transformação. Já vivemos tantos milênios na ignorância, e nesse segundo milênio, às portas do terceiro, após o Cristo, grande parte da humanidade já está pronta para uma vivência mais cordial, baseada no amor. Isso, caro ouvinte, não é esperança, é certeza. Tanto Allan Kardec, como Léon Denis, tiveram muita confiança no século XX – podemos estar um pouco atrasados no organograma de trabalho para as mudanças, mas elas acontecerão. Nós, a humanidade de boa vontade, estamos assentando as bases do futuro, para a construção de um mundo lindo, de luz, de justiça, que não está tão distante, quanto muitos pensam. Vivemos o momento de transição, e logicamente ele traz abalos, choques violentos. Após a destruição física ou moral, reconstruiremos a vida e o amor. Nosso pensamento religioso é o VÔO DA ALMA PARA O INFINITO, é o ideal indestrutível da beleza e do amor. Léon Denis, em *A Missão do Século XX*, afirma: *Homem livre na Terra livre! Tal será o ideal social do futuro. Mas é preciso ter em conta a necessidade preliminar de outro fator — a fraternidade — que só pela harmonia pode estar em equilíbrio com a liberdade.*[1]

É por tudo isso, que confiamos muito num mundo melhor, porque há muita gente trabalhando por ele.

A mensagem era minha ou do Espírito

P Em meu grupo, no centro espírita, as mensagens provenientes do plano espiritual vinham sempre por meu intermédio. No entanto, julguei serem minhas criações mentais e acabei por não mais recebê-las, pois além disso, todos aguardavam com muita ansiedade a mensagem do Espírito.

R Não podemos saber o que o levou à conclusão de que as mensagens eram suas próprias criações mentais. Não sabemos, também, o teor dessas mensagens veiculadas, por isso, qualquer juízo de nossa parte, seria temerário. No entanto, você é médium, porque todos somos. Acreditamos, que pelo fato de nos enviar uma carta sobre o assunto, é sinal de que há dúvidas se agiu acertadamente ou não. Quanto ao grupo, temos a impressão que estava mais ligado à mensagem do Espírito, do que ao espírito da mensagem. Não sabemos, inclusive, qual a sua capacitação mediúnica. Médiuns inconscientes ou mecânicos são mais autênticos, porque os Espíritos têm uma ação mais direta sobre o seu organismo, porém, esses médiuns são raros. Os semiconscientes

[1] *Denis, Léon.* O Grande Enigma. *Rio de Janeiro, 6ª ed., 1980, c. 26.* (N. do A.)

também não são encontrados facilmente, e estão num meio termo entre os inconscientes e os conscientes. Estes últimos são maioria, pois os Espíritos precisam encontrar suas mentes plenamente aparelhadas uma vez que a comunicação não é automática. O médium recebe a idéia e tem que *vesti-la* com os seus conhecimentos, o seu modo de ser, de falar, de reagir. Vamos usar um exemplo simples: um Espírito quer discorrer sobre um jardim. O médium recebe a idéia, mas a descrição é por sua conta, e pode ser mais ou menos fiel, de acordo com a sua sensibilidade para receber o pensamento do Espírito.

Como viver o Evangelho?

P *O Evangelho é uma utopia – como ser boa em meio à maldade, e como amar o próximo como a si mesmo, se o meu amor a mim mesma é possessivo, exigente, e até ciumento?*

R Jesus nunca disse que seria fácil viver os seus ensinamentos. Ao contrário, ele disse: *Vos enviarei como ovelhas em meio aos lobos. Sede mansos como as pombas e prudentes como as serpentes.* Podemos sim, vivenciar os ensinamentos evangélicos, mas não num golpe de vontade, de um momento para o outro, e sim, galgando degrau a degrau a escala da evolução. Para vivenciar os ensinamentos de Jesus, primeiro é preciso compreendê-los, e para compreendê-los é preciso esvaziarmos o coração das idéias preconcebidas. No início, aprendemos com a inteligência, o raciocínio, para depois sentirmos o valor moral dentro do coração. Jesus não nos pede uma mudança heróica, radical, instantânea, e sim esforços constantes para melhorar. O Espírito da Verdade afirma que o verdadeiro espírita, e podemos estender para o verdadeiro cristão, se reconhece pela sua transformação moral, e pelos esforços que faz para domar as suas más inclinações[1]. Quanto ao seu amor a si mesma, que você classifica de possessivo, exigente e ciumento, aprenda a ter um amor desprendido, suave, ou dê ao seu próximo, o direito de ser possessivo, ciumento e exigente. A verdade é que somos seres imperfeitos, embora capazes de nos aperfeiçoar, aprender, crescer, evoluir, e é para isso que nascemos aqui na Terra. Comece por fazer aos outros aquilo que deseja que lhe façam. Com certeza, suas relações com o próximo, e consigo mesma, irão melhorar.

Avareza

P *Estou preocupada com um parente muito avarento. Suas condições de vida eram precárias e ele morreu deixando uma quantia considerável, escondida em sua casa modesta. Como estará ele no mundo espiritual, visto que seus parentes hoje se utilizam da herança?*

R O quadro descrito é muito doloroso, pois certamente ele sofria muito quando encarnado, temeroso de que alguém roubasse seu dinheiro, e desconfiando que os parentes queriam explorá-lo. Certamente, no mundo espiritual, o seu sofrimento é muito grande, e não raro, Espíritos desta categoria ficam vigiando seus pertences, e se desesperam ao ver que todos os seus sacrifícios e privações de nada valeram. André Luís, pela psicografia de Francisco Cândido Xavier, relata que encontrou o avô, no mundo dos Espíritos, vigiando pedras como se fossem precioso tesouro. Infelizmente, existem pessoas, que em maior ou menor grau, se apegam às suas posses, não percebendo que nada é realmente nosso, a não ser as nossas qualidades boas ou más.

[1] Kardec, Allan. O Evangelho Segundo o Espiritismo, *c. XVII, it. 4, p. 222, 2ª ed., 2001, Mundo Maior Editora.* (N. do E.)

Tudo o que é material fica na Terra. Certamente, seu tio deve estar sofrendo muito ao ver seu patrimônio dilapidado pelos herdeiros. O que você pode fazer por ele é orar, pedindo a Deus que o ampare e esclareça. Como a usura é uma enfermidade da alma, certamente não desaparecerá de um momento para outro, e suas seqüelas aparecerão em novas reencarnações. Que a lição possa servir aos familiares, para que não sejam avarentos, nem mesmo com os seus sentimentos, especialmente o amor, moeda que circula livremente em todo o universo.

Simbologia nas Parábolas

P *Por que Jesus relata que o Reino dos Céus é semelhante ao fermento colocado na farinha, e, em outra ocasião, disse aos seus discípulos para se precaverem contra o fermento dos fariseus?*

R Naturalmente, existem dois tipos de fermentos, um bom e um nocivo. O que Jesus comparou ao Reino dos Céus, é semelhante à interiorização do Reino em nós, e que age como o fermento. O que ele faz com a farinha? Misturado à massa, devidamente umedecida, expande-se, impregnando-a mólecula a mólecula, fazendo-a crescer. Depois, essa massa é levada ao forno e assada, servindo de alimento aos que têm fome. Comparativamente, a doutrina de Jesus de Nazaré, que é muito maior que o próprio Cristianismo, leve-da a nossa massa interior, expande-se na fôrma do coração. Preparados, passamos pelas altas temperaturas do sofrimento, e nossas palavras e atitudes serão alimentos para muitos famintos de consolações e de conhecimentos. Por isso Jesus de Nazaré disse: Eu sou o Pão que desceu do céu, isto é: alimento espiritual. Quanto ao fermento dos fariseus, é a discórdia, a hipocrisia, o divisionismo, a falsidade, e tudo aquilo que seja depreciativo num indivíduo ou numa coletividade. Não foi sem motivos que o Mestre chamou-os de *raça de víboras*. Túmulos caiados, bonitos por fora, mas cheio de podridão por dentro. Veja você, que de coisas simples do dia-a-dia do povo, Jesus tirava os mais belos ensinamentos morais.

Beba da fonte da Água Viva que Jesus ofereceu à Mulher Samaritana, introjete esse pão, que é a Doutrina de Jesus, e seja o alimento para os sofredores.

Resistência ao mal

P *Passo por uma luta interior muito grande. Sinto impulsos de ordem inferior, que quase me impelem à prática do mal e à violência, no entanto, resisto. Há algum mérito nessa resistência?*

R Podemos responder que sim, e que não. Tudo vai depender das circunstâncias. Aquele que resiste voluntariamente ao desejo de fazer o mal, de cometer torpezas, e tendo oportunidades para isso, não o faz, já está com meio caminho andado na senda do progresso. Perceba que houve uma resistência voluntária; portanto, nesse caso existe mérito sim. Não obstante, aquele que deseja o mal, que se vê tentado a praticá-lo, mas não o faz por falta de oportunidades, ou por medo de represálias, certamente não tem o mérito da resistência voluntária; podemos dizer que caminhou um pouquinho. Porém, aquele que tem desejo do mal e o pratica, certamente nem começou a sua caminhada.

No entanto, por que somos tentados ao mal, independente de o praticarmos ou não? Certamente, pela nossa inferioridade, pois somos tentados naquilo que gostamos. Dia virá que não mais teremos reações negativas ante as circunstâncias da vida. Este será o marco que assinalará o nosso progresso. Quando chegarmos a esse ponto, seremos capazes de voltar a outra face, quando agredidos, ou de entregar também a túnica, quando quiserem nos tomar a capa. Viveremos para o amor, para cumprir os desígnios da vida, que são a fraternidade, a solidariedade, a caridade, que induz à esperança. Continue lutando contra as tendências infelizes, e pouco a pouco a resistência será natural.

Agressão ao meio ambiente

P *O Espiritismo não tem nada a dizer sobre essa destruição absurda do meio ambiente? Já ultrapassamos todos os limites do bom-senso, das necessidades reais e da segurança. Devido à ação predadora de alguns, todos responderemos pelas conseqüências?*

R É plenamente justificável a sua preocupação com a atividade predadora dos homens em relação ao meio ambiente. O Espiritismo tem muito a dizer, e tem falado, embora um tanto timidamente, mas como todas as mensagens a favor da Ecologia, encontra ouvidos moucos. Para você fazer uma idéia, Allan Kardec preocupou-se com esse problema na metade do século passado. Em *O Livro dos Espíritos,* ele pergunta o que pensar da destruição que ultrapassa os limites das necessidades e da segurança. Os Espíritos responderam: *Predominância da bestialidade sobre a natureza espiritual. Toda destruição que ultrapassa os limites da necessidade é uma violação da lei de Deus. Os animais não destroem mais do que necessitam, mas o homem, que tem o livre-arbítrio, destrói sem finalidade. Prestará contas do abuso da liberdade que lhe foi concedida, pois nesses casos ele cede aos maus instintos*[1]. Como você pode ver, o Espiritismo sempre advertiu o homem em relação aos seus próprios abusos. Conhecendo

[1] *Kardec, op. cit. q.735, p. 356.* (N. do E.)

a reencarnação, as pessoas que predam a natureza e julgam percorrer os caminhos da vida uma única vez, ficam sabendo que retornarão aos mesmos sítios que destruíram ou que estimularam a devastação por interesses materiais e econômicos, ou por indiferença e omissão. Pode demorar muito, mas a natureza será restaurada, e o homem que a destruiu, terá que trabalhar na sua recuperação.

Almas gêmeas

P *É possível que duas pessoas, um homem e uma mulher, se reconheçam como personagens de um romance vivido em uma vida anterior, e retomem a mesma atitude, apesar de casados com pessoas distintas?*

R Não acreditamos que possa haver um reconhecimento físico, pessoal, entre as pessoas. Parece-nos que há algum interesse oculto de um dos dois, ou quem sabe, de ambos. Podemos, sim, encontrar uma pessoa e de imediato sentirmos uma forte atração, uma afinidade profunda, contudo, isso se dá subjetivamente, e não de forma consciente. Existe um fator importantíssimo nos processos reencarnatórios, que se chama *esquecimento*. Ao reencarnar, esquecemos as vidas passadas para termos mais liberdade de ação. Raríssimas pessoas se recordam da existência anterior, e a maioria dos que recordam, são as crianças.

Utilizar argumentos como os citados por você, para justificar separações, parece-nos capcioso. Seria mais justo se, quem não está feliz com o casamento e quer separar-se, usar de sinceridade para com o parceiro ou parceira, e não procurar uma justificativa dessa espécie. Hoje existem técnicas de regressão de memória à vidas passadas, mas devem ser utilizadas com muito cuidado, em situações que realmente justifiquem a regressão, e conduzida por profissionais competentes. Ninguém é obrigado a permanecer numa união que o torna infeliz, porém lembramos que ninguém conseguirá construir a sua felicidade sobre a infelicidade de outra pessoa.

P *Sou casado, amo minha mulher, amo meus filhos, mas subitamente a vida colocou à frente, a minha alma gêmea; ela é muito bonita, tem a metade da minha idade e está loucamente apaixonada por mim. Que faço? Deixo a minha família? Obedeço as forças do destino?*

R O que nos parece é que você quer apenas um incentivo para afastar-se da família e começar uma aventura. Esta justificativa *almas gêmeas* é antiga, e freqüentemente é utilizada como pretexto para a prática do abandono do lar. Supomos, por sua carta, que a jovem em questão deve ser atraente, o que talvez já não seja o caso da sua esposa, que carrega as marcas de uma vida dedicada ao lar, aos filhos, e a você. Cumpre-nos esclarecer-lhe, de que não existem *almas gêmeas.* Pela lógica do raciocínio espírita, existem Espíritos afins, que chegados a este patamar, comungam os mesmos ideais de Vida e de Amor, apartados das paixões desequilibrantes. Mesmo assim, o encanto dessas almas no plano terreno, é raro. Além disso, jamais teriam em mente destroçar lares alheios. Atribuímos tais justificativas à fantasia, alimentada pelas ilusões da vida física. Faça uma profunda reflexão e veja que o livre-arbítrio, levado pelas paixões, é sempre causa de dor, sofrimento, resgate e expiação.

Jesus e Nicodemos

P *Sou um estudioso dos Evangelhos. No entanto, algumas passagens me remetem a alguns questionamentos, como por exemplo, o episódio de Jesus com Nicodemos; se este procurou o Mestre na madrugada, e não teve testemunhas, como João tomou conhecimento do diálogo para transcrevê-lo no seu Evangelho? Ainda com respeito ao mesmo episódio, o assunto refere-se a batismo ou reencarnação?*

R Vamos começar com a segunda pergunta: quando Jesus disse que é necessário nascer de novo para entrar no reino dos céus, podemos interpretar como um renascimento moral, quer seja pelo batismo nas religiões que o aceitam, quer seja por uma transformação. Contudo, temos a convicção que o Mestre se referia à reencarnação, porque não basta ser bom para entrar no reino dos céus, é preciso também sabedoria, que se conquista através das vidas sucessivas. Além disso, Jesus já houvera falado sobre o assunto quando afirmou que João Batista era Elias. Embora os judeus não tivessem uma perfeita idéia da palingenesia, sabiam que ela existe. Mas vamos ao núcleo da sua pergunta: nessa passagem específica, que se deu à noite, há duas possibilidades: 1ª) O encontro de Nicodemos com Jesus se deu fora do corpo físico e foi assistido por João; 2ª) O encontro aconteceu realmente, e sem testemunhas, contudo, desdobrado do corpo no momento do sono, João foi gravitar em torno do seu Mestre, assistindo, invisível para Nicodemos, a entrevista deste com Jesus. Mais do que a colocação histórica da passagem, vale o seu ensinamento moral. Entretanto, é válido questionar, pesquisar, procurar compreender.

Roupas e objetos no mundo espiritual

P De que maneira os Espíritos produzem objetos semelhantes aos da Terra, que, por estarem no mundo espiritual, são fluídicos e sem "consistência"; acho estranho que um vidente veja Espíritos com roupas e portando objetos de uso pessoal, como bengalas, óculos, etc.

R *Os fluidos* refere-se a um capítulo muito especial da Doutrina Espírita, e para compreendê-los, precisamos desarmar-nos das idéias preconcebidas. Sob o ponto de vista da consistência material, fluido é toda substância que, quando contido numa vasilha, toma a forma do recipiente, sendo possível o seu escoamento. Por exemplo: água, óleo, gases. Contudo, *fluido espiritual* é diferente. Toda a matéria, sob qualquer densidade, é derivada do *fluido cósmico universal*, que é o elemento original do universo, encontrado em dois estados diferentes, o de materialidade, e o de eterização. Mas vejamos o que diz Allan Kardec, em *A Gênese*, sobre a relatividade dos fluidos: *Como tudo é relativo, esses fluidos têm para os Espíritos — fluídicos eles próprios — uma aparência tão material quanto os objetos tangíveis para os encarnados, e são para eles o que são para nós as substâncias do mundo terrestre. Eles as elaboram, combinam, para produzir determinados efeitos, como o fazem os homens com seus materiais, embora por processos diferentes*[1]. Para uma melhor compreensão do assunto, remetemos a consulente para o capítulo oitavo de *O Livro dos Médiuns*, denominado *Laboratório do mundo invisível*. Nesse capítulo, Kardec confessa que tinha uma teoria prévia, que se mostrou inexata, pois presumia que os objetos tivessem um duplo fluídico no mundo espiritual. Os Espíritos lhe mostraram que os objetos são produzidos com a força do pensamento, valendo-se da matéria disseminada no espaço. Outra fonte de pesquisa para tal assunto, é a Revista Espírita.

Espírito pode matar?

P *Um Espírito pode matar uma pessoa com as próprias mãos, ou se utiliza de outras pessoas como veículos de suas intenções?*

[1] *Kardec, op. cit., c.XIV – it. 3, p. 233.* (N. do E.)

R Um Espírito matar com as próprias mãos, somente poderá ser interpretado como força de expressão, pois o Espírito não tem o organismo físico que propicia tal ação. Em nossa opinião, os Espíritos não podem chegar a tanto, pois embora sejam capazes de realizar muitas coisas, outras lhes são vedadas. Quando um Espírito influencia um ser encarnado, tanto para o bem, como para o mal, essa ação se dá pelo pensamento que, projetando emoções, também fluidos benéficos ou maléficos, envolvem a pessoa visada, e penetram o seu organismo e o seu psiquismo. Quando essas energias são negativas, carregadas de ódio, desespero, ciúmes, poderão afetar-lhe a saúde, e até precipitar a desencarnação. Os Espíritos maus podem se utilizar de pessoas com quem se afinam, simpatizam, e usá-las como instrumento para prejudicar alguém, e até matar. Essas pessoas sentem uma forte compulsão. Às vezes ouvem vozes ordenando-lhes a matar. Entretanto, esses impulsos podem ser confundidos com doenças psiquiátricas. Na maior parte das vezes, a atuação do Espírito não é assim tão explícita, e sim, oculta, disfarçada. Excetuando-se os casos de patologias mentais, os instrumentos utilizados pelos Espíritos, são portadoras de mentes desarvoradas, violentas, rebeldes. Um Espírito mal-intencionado, que queira provocar a morte de alguém, não irá ao encontro de uma pessoa equilibrada, de mente elevada, bondosa, pois não conseguiria convencê-la a colaborar em seu intento. Porém, os invigilantes, maldosos, estes sim, obedecem aos impulsos negativos que lhe são projetados.

Suicídio coletivo

P *Estou perplexa com determinados acontecimentos, como os casos de suicídio coletivo por parte de seguidores de seitas religiosas, a exemplo de Jim Jones, e mais recentemente, em Uganda. Qual a explicação para isso?*

R Você citou dois casos que saíram nas manchetes dos jornais, devido o grande número de vítimas, inclusive crianças. Entretanto, muitos outros episódios menores têm ocorrido, nos quais não há morte ou suicídio corporal, não obstante haver claramente uma anulação dos sentimentos, da capacidade de raciocínio. Explicação para isso? Fanatismo. Quando a pessoa se fanatiza por alguma coisa, especialmente pelas idéias religiosas, o desequilíbrio se apresenta, e o que é distorcido, desatinado, parece reto, equilibrado. Existe alguma relação com obsessores? Sim, existe. Espíritos obsessores se aproveitam das disposições dos encarnados para dominar-lhes a mente e impor-lhes a própria vontade. É lamentável que existam pessoas que se predisponham à manipulação de encarnados e desencarnados. É triste verificar que há pessoas que acreditam em formas externas de salvação. Que falta faz o conhecimento espírita que liberta do medo, das angústias, dessa dependência de mentes perversas, que iludem com uma pretensa bondade, para depois impor às criaturas desarvoradas, as ordens mais absurdas, como suicídio e assassinato. Portanto, esteja atenta e não manipule mentes, nem se deixe manipular. A salvação, é o amor, e o amor não violenta, não fere, não exige, nem obriga a reciprocidade. O amor apenas ama. É devido a isso, que Emmanuel disse que a maior caridade que podemos fazer é a divulgação do Espiritismo.

Passes x palestras públicas

P *Não sou espírita, mas tenho o hábito de ir ao centro receber passe espiritual. Entretanto, questiono a obrigatoriedade das palestras públicas, que antecedem ao passe, algumas, em minha opinião, interessantes, outras não.*

R A intenção de se fazer uma palestra com informações espíritas ou evangélicas, tem a finalidade de preparar o ambiente, ao mesmo tempo que esclarece o público acerca dos fundamentos do Espiritismo. Não basta apenas receber o passe, é preciso esclarecer o freqüentador, pois essas informações é que trarão condições de autolibertação, autoperdão. Além disso, é na palestra que o assistido poderá saber o que é o passe, qual a sua ação no organismo humano, qual a sua importância e aplicabilidade. Quanto à qualidade das palestras, não conhecemos os seus critérios de avaliação, mas respeitamo-los mesmo assim. Sabemos que nem todo centro espírita tem uma equipe de palestrantes treinados. Aperfeiçoá-los, por meio de cursos de expositores, é uma necessidade imediata. Lamentamos uma prática comum nos centros espíritas, que organizam a assistência espiritual simultaneamente à palestra. Isso interrompe a concentração e a harmonia do orador e do conjunto. Alguns assistidos recebem o passe e retornam para o salão, outros vão embora, e a palestra termina com o número mínimo de ouvintes no salão. Acreditamos que essa é uma prática prejudicial. Em tempo, você não é espírita, mas se não receber informações sobre ele, cosmo você poderá optar?

Substituto de Chico Xavier

P *Minha pergunta pode parecer de mau gosto, mas quem vai substituir Francisco Cândido Xavier, quando ele desencarnar? Já ouvimos a citação de alguns nomes e gostaria de saber se vocês concordam ou não?*

R Vamos começar explicando aos que não são espíritas, que *desencarnar* é o mesmo que morrer. Não achamos que a sua pergunta seja de mau gosto, porque a duração da vida humana tem um limite, e mais cedo ou mais tarde, todos nós desencarnaremos, portanto, Chico Xavier não é exceção. Quanto à questão da substituição, em nosso entendimento, não existe sucessão propriamente dita, como não houve um substituto para Allan Kardec. Haverá, sim, uma continuidade do pensamento, com características próprias a cada pessoa. Por exemplo, após Kardec, Léon Denis foi a maior liderança espírita mundial, embora o seu trabalho tenha seguido características diferentes de Allan Kardec, ou seja, baseado neste último mas com cores e nuanças próprias. Com o Chico será a mesma coisa. Com certeza, caberá a todos nós, espíritas, a responsabilidade da "sucessão" de Chico Xavier, através do estudo constante e permanente de sua obra. Esses grandes líderes vêm para uma época com um objetivo. Alcançado esse objetivo, é inútil alguém querer continuar no mesmo diapasão. A Doutrina Espírita não repousa nos ombros de uma só pessoa, assim como Chico Xavier não é o único a contribuir para o seu desenvolvimento. Temos por ele um amor e um respeito muito grande, mas vemos nele, o trabalhador dedicado a cumprir a sua tarefa. Quanto aos nomes citados, respeitamos todos, e por alguns temos grande admiração, mas cada um tem o seu trabalho, o seu modo de ser.

Como transformar o homem

P *Vocês, espíritas, são determinados na idéia de transformar o mundo, não obstante, como fazê-lo, já que os homens parecem ser de "pedra"?*

R Não são apenas os espíritas que querem mudar o mundo para melhor. Existem muitas pessoas que trabalham para alcançar esse objetivo. Acreditamos que um dos melhores meios para isso, é a informação e a educação. Diz Herculano Pires que as relações humanas se baseiam na afetividade humana. Não há afetos entre corações insensíveis. Por isso a dor campeia no mundo, pois só ela pode abalar os corações de pedra. Mas o Espiritismo nos mostra que o coração de pedra é duro, por falta de compreensão da realidade, de tradições negativas que o homem desenvolveu em tempos selvagens e brutais. Diz ele que essas relações se modificam quando o oferecemos aos homens uma visão mais humana e mais lógica da realidade universal. Queremos transformar o mundo, sim, como acreditamos que você também o queira. No entanto, somente alcançaremos tal intento, pela fraternidade, pelo amor, pela solidariedade, pela justiça social. O Espiritismo pretende transformar o homem para que o homem transforme o mundo. Para um mundo novo, precisamos de um homem novo. Diz ainda Herculano, que o homem egoísta produz o mundo egoísta, o homem altruísta produzirá o mundo generoso, bom e belo que todos desejamos. Podemos inovar o mundo, semeando a boa semente no coração infantil, promovendo vida com dignidade para todas as pessoas, entretanto, cada um de nós terá que fazer a sua parte.

Violência contra a criança

P *Podemos omitir-nos diante da violência contra a criança? É importante que todos participem da educação infantil?*

R Não podemos omitir-nos, de maneira alguma, sobre a violência, em qualquer das suas formas, ou estaremos falhando num dos grandes postulados da Doutrina Espírita, que é o amor ao próximo, a fraternidade, a solidariedade. Reencarnamos para evoluir, crescer, caminhar para a perfeição, e ninguém poderá conseguir esse objetivo se for exclusivista, egoísta. Sabemos que muitas pessoas podem argumentar: a vida dos outros é dos outros, eles têm o livre-arbítrio para conduzir suas vidas como quiserem. No entanto, isso não é totalmente verdadeiro, pois a lei maior ensina que devemos educar, amparar e corrigir os erros.

As crianças submetidas à violência doméstica ou das ruas, se tornam adultos revoltados, e, não raro, agressores. Estarão elas submetidas à lei de causa e efeito, portanto, respondendo pelos seus erros? Pode ser. Mas a vida não visa castigar, e sim direcionar para a evolução. Krishnamurti, extraordinário pensador hindu, afirma que não devemos nos intrometer na vida alheia, exceto quando presenciamos agressões contra a natureza, crianças, idosos, portadores de deficiências ou animais.

As agressões são dolorosas, moralmente falando, para quem as sofre e para a sociedade, contudo, perguntamos: existe maior violência, agressão ou roubo contra a humanidade, do que a fome, a miséria e a ignorância? Estamos convictos de que temos o dever de intervir nas agressões, denunciando os agressores, mas também temos o dever de ajudar a combater a pobreza, a ignorância e a fome.

Laços familiares

P *De que maneira nós, professores, podemos colaborar para acabar com a violência contra crianças, principalmente por parte de pais e responsáveis? Como o Espiritismo vê essa situação?*

R Ficamos felizes por você nos dar a oportunidade de tocar nesse assunto tão delicado. O espancamento de crianças é um resquício da barbárie humana. Geralmente, os espancadores, mesmo que pareçam indivíduos normais, são neuróticos, desequilibrados. O prazer de espancar criaturas mais fracas, indefesas, é um distúrbio de personalidade. Não é carma no sentido que atualmente se dá a esse vocábulo, mas são Espíritos que estão envolvidos com outros Espíritos ainda atrasados, violentos e por isso renascem nessas famílias. Isso não quer dizer que estão pagando dívidas do passado, mas para tentar mudar os pais a pedido do próprio reencarnante, ou porque precisam de pais muito severos, que possam educá-los devidamente. Há Espíritos que reconhecem a necessidade da severidade materna ou paterna, para sustentá-los na disciplina. Logicamente, entre todos os casos, há aqueles em que o reencarnante, por ter sido inimigo em outras existências, desperta tanto ódio e rancor, que faz com que seus responsáveis os espanquem. Alguns pais precisam de tratamento psiquiátrico e até da perda do pátrio poder. Não estamos falando sobre a correção leve, embora indesejável, não humilhante ou agressiva. Não concordamos com a agressão física e os castigos humilhantes. A educação deve ser sempre um ato de amor, pois quem ama não espanca, não magoa. Os professores, espíritas ou não, podem colaborar aconselhando os pais nas reuniões de pais e mestres. Podem conquistar a confiança da criança para que ela conte o que está se passando em casa. Podem denunciar, quando percebem os hematomas, os ferimentos físicos, e também as mágoas e dores morais, perceptíveis por quem conhece e ama a criança.

P Por que existem tantas diferenças de caráter, gosto e afinidades numa mesma família? Gostaria que me indicassem os livros espíritas com abordagem sobre família.

R As principais diferenças que encontramos nos membros de uma mesma família, têm por causa o individualismo. Cada indivíduo é um universo em si, com pensamentos, desejos e tendências próprias, embora possam ser parecidas com as dos outros. A Doutrina Espírita ensina que existem famílias formadas pelos laços espirituais, e outras formadas apenas pelos laços consangüíneos. Evidentemente as primeiras são afinadas, ligadas pela simpatia e pelo amor.

São grupos de Espíritos, que aqui na Terra ou na erraticidade ou no mundo espiritual, caminham unidas, contudo, sempre ampliando o número de seus participantes. As famílias constituídas apenas pelos laços da matéria, não possuem elos espirituais e real afetividade entre os seus membros, separando-se pela desencarnação.

Caminhamos, pouco a pouco, para a amplitude dos conceitos sobre a família, para que um dia sejamos um só rebanho a seguir um só pastor. Aqueles que dizem que a família está em extinção, equivocam-se completamente. Lógico que existem transformações na convivência familiar, porque os tempos são outros, mas é nela que encontramos o respaldo para a evolução. Quanto aos livros sobre o tema, indicamos: *Amor, Casamento e Família*, de Jaci Regis; *Um Desafio Chamado Família*, Joamar Zanolini Nazaré; *Viver a Dois*, de Jami*ro dos Santos; Vida em Família*, de Rodolfo Caligaris; *Laços de Família*, autores diversos, edições USE; *SOS Família*, Divaldo Pereira Franco, e outros que você descobrirá. Boa leitura.

Os mortos realmente se comunicam?

P *Confesso que fiquei muito preocupado com as declarações de um sacerdote, na televisão, dizendo que os mortos não se comunicam com os vivos, e disse-o com tanta firmeza, que me desconcertou. Seria verdade?*

R Não é verdade, ou melhor, é a verdade *do padre*. Como a religião dele tem preceitos dogmáticos, e dogma é um princípio fideísta que não pode ser discutido, ele tem que se posicionar desta forma, embora sendo parapsicólogo. Entretanto, nenhum parapsicólogo obterá bons resultados, se fizer suas investigações, segundo a sua crença ou descrença. Assim sendo, um sacerdote ou um católico persuadido de que as almas dos mortos não podem se comunicar com os vivos, concluirá de forma pré-concebida, alterando os resultados dessa mesma investigação. Da mesma forma, o parapsicólogo espírita, que realiza as suas pesquisas, certo de que os fenômenos são provocados apenas pelos Espíritos, também estará antecipando os resultados. O materialista que fizer a sua sondagem certo de que os Espíritos não existem, também estará fraudando o resultado. O sacerdote a que você se refere está defendendo o seu ofício. Para a sua igreja, as almas dos mortos vão para o céu, purgatório ou inferno, e de lá não podem sair, assim sendo, não podem se comunicar com os vivos. Infelizmente, o programa abordou o tema de forma preconceituosa. Além disso, os Espíritos não precisam de autorização para se comunicarem. O Espírito *sopra onde quer*, e ninguém sabe de onde vem ou para onde vai, diz o Evangelho. Não obstante as críticas, não devemos nos ocupar com os detratores, pois eles acabam sendo propagandistas do Espiritismo. E o que é melhor, a propaganda é gratuita.

O poder dos fortes

P *Por que Deus permite que povos mais fortes e homens mais poderosos tenham hegemonia sobre os mais fracos? Não há algum tipo de controle sobre essas coisas?*

R Certamente Deus tem domínio sobre toda a sua criação, no entanto, deu ao homem o livre-arbítrio para escolher os seus caminhos. É verdade que, de há muitos milênios, algumas nações dominaram outros povos, submetendo-os à escravidão. Podemos sintetizar tal afirmação nos romanos, que, à força das armas, alongaram os seus domínios, conquistando grande parte das terras então conhecidas. Pela força das armas conquistaram o mundo, mas, com o tempo, perderam a sua força e o seu domínio. Outras nações modernas, como a Alemanha hitlerista, que anexou países e ocupou militarmente outros, perdeu o seu poder perante a oposição do mundo civilizado. Alexandre, Átila, Júlio Cesar, Napoleão, Hitler tiveram que ceder ante a robustez de raciocínio de homens como Aristóteles, Kant, Descartes e muitos outros. Todos os conquistadores passam, só não passa a soberania do Amor, personificado em Jesus de Nazaré. Ante a sua autoridade, a submissão é total. Ele bate suavemente à porta do coração, e o seu dono decide se quer ou não aceitar esse amor. Rubens Romaneli, na obra *O Primado do Espírito*, escrevendo sobre esse assunto, expõe: *Só não passou, nem passará jamais o reinado de Cristo, porque Cristo personifica a força do amor e o amor é a força que rege os impulsos da evolução em todos os planos da criação.* O dia em que os homens se amarem verdadeiramente, com certeza não haverá guerras de conquistas, somente fraternidade e amor.

Perdão à Igreja

P *Estou questionando o pedido de perdão da Igreja Católica diante dos erros cometidos contra a Humanidade, ele anula a lei de causa e efeito?*

R O perdão não anula a lei de causa e efeito, mas, sem dúvida nenhuma, abranda. Acreditamos ser um ato de coragem da Igreja pedir perdão pelos seus erros históricos, que não foram poucos. Entretanto, o que está feito não pode ser mudado. Não podemos trasladar as feridas do ontem, para curá-las hoje. Além disso, quer sejam erros coletivos, como os da instituição citada, quer sejam erros individuais, de pessoa a pessoa, não basta pedir perdão, é preciso ressarcir a dívida contraída. O pedido de perdão é o primeiro grande e decisivo passo, porque representa o reconhecimento da dívida ou da ofensa, contudo, é preciso corrigir o erro. Jesus de Nazaré recomendou que, quando formos ao Templo orar, e estando ali, lembrarmos que o nosso próximo tem motivos de queixas contra nós, devemos deixar nossa oferenda diante do altar, e sairmos em busca do nosso irmão, para nos harmonizarmos com ele. Após o perdão, vem o ressarcimento, já não mais como cobrança e imposição da vida, mas sim, como gesto de boa vontade. Em nossa opinião, a Igreja tem um grande trabalho a fazer para se recompor ante os erros cometidos. Não basta reabilitar um Galileu Galilei. À atitude de arrependimento, deve seguir-se a de reparação. Acredito ser esta a postura a ser adotada, de ora em diante.

As drogas e o centro espírita

P *Estamos passando por grandes dificuldades, no momento, com a escalada das drogas e o alcoolismo. Como fazer para ajudar toxicômanos e alcoólatras? Podem eles freqüentar o centro espírita? A sua presença não influenciaria a psicosfera ambiente? Como lidar com esses irmãos?*

R Certamente eles podem freqüentar o centro, ouvir palestras e receber o passe. É muito importante que freqüentem reuniões onde se fala da valorização da vida, das responsabilidades de cada um para com o seu próprio corpo, e para com a sociedade. Eles estão enfermos da alma, e não recebê-los no centro, seria o mesmo que um hospital recusar um paciente, pela sua própria condição. Os dependentes de álcool e drogas diversas, geralmente são acompanhados por Espíritos obsessores, que potencializam, no encarnado, o desejo de consumir tóxicos. Ao freqüentar a casa espírita, esses Espíritos serão auxiliados, amparados e encaminhados para a recuperação. O passe, quando recebido conscientemente, poderá reforçar o desejo de libertar-se do jugo da dependência. Naturalmente, é preciso que o dependente compreenda que não existem curas milagrosas, que é preciso muita força de vontade, muita luta e que não pode responsabilizar os Espíritos pela sua dependência, pois ele tem o seu livre arbítrio. Precisamos ainda prestigiar as instituições especializadas no tratamento de alcoolistas e toxicômanos, como Alcoólicos Anônimos, Instituto Fraternal de Laborterapia e várias outras. Toda dependência é preocupante, mas como o álcool é uma droga livre, a preocupação é maior, pois o efeito é devastador.

Dízimo x Espiritismo

P *De que forma os centros espíritas sobrevivem? Por que não cobram o dízimo como as outras religiões, se foi autorizado por Deus?*

R Os centros espíritas são sociedades civis de direito privado, portanto, com personalidade jurídica, regido por estatutos e formado por um quadro social. Esse quadro social é que o mantém. Muitas casas espíritas realizam almoços, chás, e outras atividades, para conseguir fazer face às despesas.

Entretanto, quanto à questão do dízimo, poderíamos enumerar várias razões para que não se torne uma prática espírita. Em primeiro lugar, não cremos que Deus tenha autorizado, mas sim, Moisés. Outra razão, é que o Espiritismo não é uma religião institucionalizada, portanto, não tem sacerdotes, ministros ou qualquer profissional da religião. Mas vamos explicar porque dissemos que o dízimo foi instituído por Moisés. Quando da organização da nação judaica, Aarão, irmão de Moisés, foi nomeado sumo-sacerdote. A tribo de Levi foi encarregada de cuidar do templo, e fornecer os sacerdotes. A princípio, foi determinado que todo filho homem, primogênito, deveria ser consagrado ao sacerdócio, mas devido essa função estar restrita à tribo de Levi, as demais tribos resgatavam seus filhos da obrigação do sacerdócio, pagando ao templo cinco ciclos de prata. Devido a isso, Jesus, sendo da tribo de Judá, não foi sacerdote. Como os levitas não poderiam trabalhar em outras funções, Moisés, utilizando-se do prestígio de falar em nome de Deus, determinou que cada membro das outras tribos deveria contribuir com dez por cento da sua produção ao Templo. O Cristianismo herdou essa prática do judaísmo. Embora a prática seja milenar no catolicismo, foi a igreja protestante, hoje denominada igreja evangélica, que institucionalizou a doação como prática obrigatória do crente. Portanto, dízimo não faz parte dos postulados espíritas, por não haver profissionalismo religioso, nem Templo a serem sustentados.

"Carma"ou causa e efeito?

P *Existe carma coletivo com relação às nações? Se existe, certamente o Brasil possui um grande compromisso, pois conviver com políticos corruptos, enchentes, seca, desemprego, corrobora tal pensamento.*

R Os homens, individualmente, como as coletividades, estão sujeitos à lei de causa e efeito, ou ação e reação. Por isso, é natural que o Brasil, como nação, esteja incluso nessa lei. Entretanto, não existe determinismo. O que isso quer dizer, que podemos modificar o nosso destino pessoal, como o de uma coletividade. Embora o Brasil seja um país onde as pessoas vivem um pouco mais harmoniosamente, existiram erros históricos que nos levaram à atual situação em que vivemos. Reconhece-se a evolução de uma nação, pelo modo com que trata as suas crianças, os seus velhos, e o meio ambiente. Na verdade, estamos longe de bem cuidar das nossas crianças, pois muitas vivem em estado de penúria e é grande o número daquelas que morrem antes de completar os cinco anos de idade. Muitas não estão matriculadas na escola, e é grande o número das subnutridas. Quanto aos idosos, nem é preciso mencionar como são tratados, sob todos os aspectos. Nossos recursos naturais estão sendo agredidos, com uma rapidez espantosa. Absolutamente, podemos dizer, não é "carma". Entendemos que seja desamor e desrespeito flagrante à vida. A palavra "carma" é derivada do sânscrito, portanto, de origem hindu.

Pactos

P *Combinei com uma prima que, quem morresse primeiro enviaria uma mensagem por meio de psicografia. Minha prima faleceu há cinco anos, e até agora não recebi qualquer notícia.*

R Esses pactos nem sempre funcionam. Contudo, existem casos famosos acerca deles: o ilusionista Houdine, após a morte de sua mãe, saiu a consultar médiuns profissionais, em busca de um contato. Muitos desses médiuns eram impostores e foram por ele desmascarados.

Posteriormente, tratou com um amigo, uma comunicação *post-mortem*, através de algum médium. Escreveria uma única frase, que deixou com o amigo. Até hoje, ao que se sabe, essa frase, não foi psicografada. Muitas pessoas que prometem mensagens para depois da morte, após a desencarnação já não tem o mesmo interesse, pois já não vêem a vida pelo mesmo prisma. Além disso, uma comunicação mediúnica não é tão simples quanto mandar um recado por intermédio de alguém. Em primeiro lugar, é preciso haver médiuns capacitados, afinidade vibratória com o Espírito comunicante, o que não é tão simples assim. Se você e sua amiga se estimavam, continue a estimá-la, e um dia estarão unidas num mesmo sentimento. Imagine duas pessoas, aqui na Terra, que se amam, mas que estão separadas, pela distância, em local onde não exista meios de comunicação. Será que se amarão menos por isso? Com certeza, não.

Religiões

P *As religiões sempre existiram? Se Jesus não fundou nenhuma religião, por que tantas interpretações de um mesmo conceito? Haverá sempre essa fragmentação religiosa?*

R As religiões são muito antigas, e todos os povos da Antigüidade tiveram os seus sistemas religiosos, com maior ou menor sofisticação. Os Vedas, o Bramanismo, o Hinduísmo, a religião dos egípcios e até os nossos silvícolas tiveram a sua própria religião.

O Cristianismo tem dois mil anos. Foi o evangelista Lucas, médico e amigo de Paulo de Tarso, quem criou esse termo para identificar os seguidores de Jesus de Nazaré. Mas o Cristianismo de nossos dias, não é o mesmo da época de Jesus. Você tem razão: Jesus não fundou nenhuma religião. As desuniões são por conta de interpretações pessoais de indivíduos ou de grupos. Logo de início, a igreja que fundaram em nome de Jesus, foi fragmentada em abordagens de cunho oriental e ocidental.

No período medieval, com os abusos perpetrados pelo clero católico, Lutero fundou o Protestantismo. Posteriormente, surgiram outras igrejas, como a de Calvino, e em nossos dias alcançando mais de 350 seitas protestantes ou evangélicas, além das nacionais, como a igreja católica brasileira.

Se Jesus tivesse como objetivo fundar religiões, estas seriam embasadas no amor, o amor que cobre a multidão de nossos erros, amor que compreende, convive e perdoa. A separação religiosa persistirá enquanto persistir o egoísmo, o personalismo, a vaidade, o missionarismo, etc.

Movimento Espírita

P *Tenho acompanhado a evolução do pensamento espírita e os fatos positivos e negativos das instruções federativas e o movimento unificado. Um centro espírita não poderia estabelecer-se sem ligações com as instruções federativas?*

R As instituições federativas foram criadas com a melhor das intenções. Como sabemos, não basta ser médium ou ter lido alguns livros para obter experiências que capacitem à direção de um centro espírita. As instituições federativas têm a função de organizar, aglutinar e orientar o movimento espírita. É verdade que essas instituições maiores se equivocam algumas vezes, criando condições que facilitam o surgimento de desvios doutrinários, o que é lamentável. Acreditamos, sim, que algumas instituições espíritas possam viver independentemente das instituições federativas, mas não concordamos com o isolamento.

Federado ou não, unido ou não, um centro espírita é uma casa prestadora de serviços à sociedade, e sempre tem muito a aprender e ensinar na ação coletiva. O isolamento gera, não raro, vaidades, personalismos e outros sentimentos malsãos. Acreditamos que o movimento espírita deve ser transparente. Não somos de opinião que os centros que ficam à margem das federativas tenham o que esconder, como afirmam alguns, pois podem perfeitamente ter capacidade para orientar-se e caminhar por sua própria conta, porém não devem se isolar do movimento. Somos da mais firme opinião que uma instituição espírita deva ter um ótimo programa de estudos doutrinários.

"Receber" Espíritos ou estudar a mediunidade?

P Sou do tempo em que, ao se chegar com perturbações no centro espírita, era-se colocado à mesa da caridade, para "receber Espíritos". Contudo, atualmente, as pessoas são encaminhadas para longos e tediosos cursos de cinco anos ou mais. Qual das duas situações é a correta?

R Não podemos concordar com a primeira situação. Evidentemente, uma pessoa que chega desorientada ao centro, precisa de uma assistência espiritual, e às vezes até de desobsessão. Lidar com a mediunidade, sem conhecê-la, é muito arriscado. Naturalmente, o médium dinâmico o de tarefa, não perderá a sua mediunidade, nem será prejudicado devido aos cursos de conhecimento de Doutrina Espírita e mediunidade aos quais terá que dedicar-se. Hoje, o conceito de guia, ou mentor, está bastante mudado. Já vai longe o tempo em que um Espírito, dizendo-se guia do médium, dispensava-o do estudo, dizendo que ele próprio ensinaria o que o médium necessitasse aprender.

A longevidade dos cursos é uma opção da casa espírita, sempre bem intencionada, acreditamos nós. Contudo, somos de opinião que não se pode ser ortodoxo nessas questões. Existem casos que precisam de uma abordagem diferente, mas de forma alguma dispensam o estudo. Aliás, acreditamos que nenhum membro de centro espírita, mesmo os dirigentes e os que ministram as aulas, devem ser dispensados de estudar. A Doutrina Espírita incentiva o estudo, estimula a leitura e não proíbe nenhuma literatura.

Estudar outros pensamentos religiosos para compará-los ao Espiritismo, é praticamente obrigatório.

Quanto aos cursos tediosos, é preciso dinamizá-los.

Injustiças divinas

P *Estranho que tantos acontecimentos negativos estejam ocorrendo; se Deus existe, por que permite que tantas injustiças aconteçam?*

R Naturalmente, Deus existe sim, mas já é tempo de deixarmos de emprestar a ele a nossa forma humana e os nossos defeitos e virtudes. Embalados pelas lendas religiosas, as pessoas têm dificuldades em mentalizar o Criador, se não lhe for atribuída uma forma humana, ou mesmo a de Jesus de Nazaré, considerado pelas religiões cristãs, como o próprio Deus, ou um terço da divindade. Para o Espiritismo, Deus não é antropomórfico, e as nossas virtudes refletem muito palidamente as virtudes divinas. Precisamos compreender que, ao nos criar, Deus nos deu o livre-arbítrio. Com ele escolhemos os nossos caminhos. Somos livres para fazer o bem ou o mal. Contudo, Deus criou, também, a lei de causa e efeito, o que equivale dizer que somos livres para semear, mas escravos na colheita. O corolário dessas leis é a reencarnação. Através dela chegaremos à perfeição. Mas não entendamos a reencarnação apenas sob o prisma do pagamento de dívidas do passado. A finalidade maior é o aperfeiçoamento. A violência, a maldade, a perversidade, a barbárie, são inerentes a mundos inferiores como o planeta Terra. Na medida em que tivermos um maior número de pessoas de bem, os bons predominarão na Terra, e o mal perderá espaço. Não se trata de permissão divina, mas da atuação da própria humanidade. O progresso acontece sim, contudo, lentamente. Hoje estamos em condições melhores do que há séculos ou milênios, e o mundo vai progredir mais rapidamente.

Depressão

P *Todos os casos de depressão podem ser de origem espiritual ou, ao contrário disso, são orgânicos? Os centros espíritas estão aptos a curar a depressão?*

R A depressão pode ser psíquica, espiritual, ou de ambas as origens. Mas um diagnóstico preciso só pode ser conseguido por meio de um profissional médico, um psiquiatra que seja também espírita, e com amplos conhecimentos doutrinários. Em muitos casos, a perturbação mental pode estar vinculada a problemas orgânicos. A assistência espiritual sempre é útil, em qualquer circunstância, e de modo algum fará mal ao paciente. No entanto, em muitos casos, a medicação é indispensável, e deverá ser muito bem balanceada pelo médico psiquiatra. Acreditamos que os tratamentos ajudam-se mutuamente. Médiuns sensíveis e esclarecidos auxiliam bastante o diagnóstico. Entretanto, em qualquer das situações, é muito necessária a colaboração do paciente. Lutar contras as idéias mórbidas e deprimentes é essencial, pois não existe melhor terapeuta do que o próprio paciente. É preciso despertar o amor à vida, e empenhar-se em algum trabalho útil à humanidade. Muito mais do que o trabalho curativo, é preciso realizar um trabalho preventivo. Esse trabalho é feito com pensamentos edificantes, equilibrados e fraternos. Abrigar pensamentos tristes, desanimadores, aborrecidos, é risco sério de enfermidade mental, e entre elas, a depressão.

P *A depressão é problema espiritual ou material?*

R Apesar de todos avanços da medicina, a depressão é ainda desconhecida na sua intimidade. Por que algumas pessoas ficam deprimidas, por motivos que não causam o mesmo efeito em outras? Certamente é porque somos diferentes. Mas o que causa a depressão? Tristeza, desânimo, enzimas cerebrais, predisposição genética? Desajustes do Espírito encarnado? Influências de Espíritos desencarnados? Tudo isso ainda é uma incógnita. Embora essa seja uma especialidade da psicologia ou da psiquiatria, podemos afirmar que a depressão pode acontecer por motivos espirituais e materiais. Geralmente as causas são mistas. A depressão por influência espiritual pode se desencadear por uma propensão material. A atuação de Espíritos inteligentes em determinadas áreas cerebrais pode causar a depressão, assim como a influenciação de Espíritos deprimidos, tristes ou magoados. No caso da doença ser proveniente de desajustes psíquicos, poderá atrair Espíritos em iguais condições para o campo mediúnico do paciente, exacerbando os sintomas e dificultando a cura. De qualquer maneira, é necessário que o deprimido reaja e anteponha pensamentos positivos de coragem, de fé. Medicamentos, somente os médicos podem receitá-los, mas os medicamentos espirituais, como o passe, a água magnetizada, a oração e a leitura de bons textos, que sejam construtivos, consoladores, fazem muito bem e aceleram a cura.

P *Tenho constantes surtos de depressão. Os tratamentos medicamentosos não surtem o efeito desejado, pois melhoro apenas por algum tempo. Disseram-me, num centro espírita, que se trata de obsessão; por outro lado, uma vizinha afirma ser "encosto". Ninguém consegue me curar. O que vocês me aconselham?*

R O que aconselhamos é que você continue procurando a cura. O tratamento médico é necessário, e só o médico pode receitar ou suspender os remédios. Se não está surtindo o efeito necessário, você tem o direito de consultar outro profissional. Faça o tratamento médico, mas também, a assistência espiritual. Um não anula o outro, antes se completam. Quanto ao "encosto", trata-se de uma expressão usada popularmente, para caracterizar a companhia constante de um Espírito, com ou sem a intenção de prejudicá-lo, e que absorve as suas energias, substituindo-as pelas suas próprias, negativas. Não raro, é a própria pessoa que atrai Espíritos dessa natureza, por manter pensamentos tristes, derrotistas, desanimadores. O centro espírita está aparelhado para lidar com esse tipo de fenômeno. Podemos dizer que essa atuação é consentida pela pseudo-vítima. Vamos repassar as indicações: as pessoas com problemas depressivos devem procurar um profissional qualificado. Somente ele pode receitar, substituir ou suspender medicamentos. Se a pessoa for espírita ou espiritualista, pode encontrar grande apoio nos centros espíritas, onde o tratamento será espiritual. Da parte do paciente deverá haver uma reação de ânimo, coragem, fé, autoperdão e autovalorização. Mudar o teor dos pensamentos habituais para melhor, é indispensável.

O índio, o escravo, e as desigualdades

P *Ao comemorar a descoberta do Brasil, lembrei-me de perguntar se ao sofrer a colonização, a violência e o genocídio, os nossos indígenas estavam respondendo ante a lei de causa e efeito?*

R Em nossa opinião, os nossos indígenas NÃO estavam respondendo ante a lei de causa e efeito, nem mesmo os que eram antropófagos. A descoberta das Américas, e no contexto, o Brasil, está relacionada à lei de progresso. Os povos mais adiantados têm o dever moral de ajudar os mais atrasados, porém, não deveriam explorá-los, aviltá-los em benefício próprio. Infelizmente, os nossos indígenas foram massacrados e até escravizados. Entretanto, todo esse processo pode ser debitado à evolução. Logicamente, os que exploraram, aviltaram, menosprezaram o povo simples que aqui habitava, responderão por seus excessos. Depois, a dívida se tornou maior com a importação de mão-de-obra escrava, da África. Ainda temos muito por fazer para corrigir os desvios que começaram, no Brasil, lá pelos idos de 1500. Precisamos corrigir as injustiças sociais, os pruridos armamentistas, a fome, o desemprego, a má distribuição da renda. Seremos uma pátria verdadeiramente livre e feliz, quando os nossos governantes formarem uma equipe intelecto-moral. Acreditamos que não é o Brasil que deverá se autodenominar Coração do Mundo e Pátria do Evangelho, mas que o mundo possa reconhecer essas condições do Brasil. Temos uma dívida enorme para com os povos indígenas e os descendentes de escravos, e também para com os pobres e oprimidos. Vamos conseguir sim. Vamos ter uma pátria livre e boa para todos.

Crianças vêem Espíritos?

P *Tenho uma filha de um ano de idade; às vezes, a menina olha fixamente por cima da cabeça do pai, alternando emoções que vão do sorriso, à expressão de choro ou ao pranto convulsivo. Serão Espíritos que se apresentam?*

R É bem provável que sim, permanecendo por motivo diversos, em seu lar. Todos nós somos médiuns, e, conseqüentemente, os atraímos. Além do que, Espíritos familiares e simpáticos, costumam permanecer junto aos seus tutelados.

O Espírito reencarnante é ligado ao ovo no momento da concepção, mas os laços se completam no nascimento. Porém, durante a primeira infância, ele desfruta de uma certa liberdade, podendo ver, ouvir e sentir os Espíritos com maior facilidade. É comum a criança ver os que permanecem no ambiente da casa ou junto às pessoas. Quando eles são bons, protetores, familiares, simpáticos, a criança sente-se bem, por isso, sorri, e às vezes até estende os braços para o aparente vazio. Quando são Espíritos malévolos, obsessores, ociosos, certamente a criança sente-se mal, tem medo e pode ter a sua saúde física alterada. O melhor meio de preservar as nossas crianças contra essas influências maldosas, é ter uma vida reta, digna, moralmente elevada. Isso não quer dizer que a pessoa tenha de se santificar, mas apenas ter dignidade, honestidade. Vícios como fumo, álcool, drogas, pornografia, maledicência, atraem maus Espíritos que infestam o ambiente psíquico. Ame muito sua filhinha, mas ame também as crianças abandonadas, marginalizadas, ao menos de longe, com as suas preces e simpatia, e ajuda material, quando lhe for possível.

Médiuns de cura

P *Já ouvi dizer, muitas vezes, que o Espiritismo não veio substituir as religiões, mas será que veio substituir a medicina? Antigamente, existiam médiuns receitistas; atualmente, são médiuns operadores e, também já ouvi alguns dirigentes de casas espíritas dizerem que os médicos nada sabem. Além disso, pacientes tratados pelos Espíritos também morrem.*

R O Espiritismo não veio substituir as religiões e nem pede para que alguém deixe sua crença para segui-lo. Ótimo que você compreenda isso. Entretanto, com certeza, não veio substituir a Medicina, nem no campo clínico, nem no campo cirúrgico. A mediunidade curadora é uma benção auxiliar à Medicina. Naturalmente os Espíritos podem intervir no tratamento da nossa saúde. Alguns receitam homeopatia, outros alopatia ou fitoterapia e ainda outros operam com ou sem instrumentos cortantes ou traumatizantes. De todos esses tratamentos, só não concordamos com os Espíritos que utilizam instrumentos cortantes, pois julgamos desnecessários. Somos de opinião que em todas as enfermidades, é necessário, antes, recorrer ao tratamento médico convencional, ou seja, da Terra. Quando os médicos não solucionam o problema, recorre-se ao plano dos Espíritos. Há outras circunstâncias, como falta de médicos, falta de recursos para pagar uma consulta ou tratamento, que podem justificar essa procura. Entretanto, que fique claro que os médicos espirituais não querem substituir os médicos encarnados. Quanto a morrer, todos morremos. Muitas vezes os Espíritos receitam ou operam, passando uma mensagem de esperança para o enfermo, pois eles respeitam as nossas angústias e medos. Isto é, eles não destroem as nossas ilusões e nem matam as nossas esperanças. Outra coisa importante é o centro espírita ensinar sempre, que nenhum tratamento espírita, seja ele fluídico, cirúrgico ou medicamentoso, é incompatível com o tratamento médico, pois somente o médico pode suspender remédios ou tratamentos.

O jovem e a política

P *Como o jovem poderia interessar-se pela política, se vê tanta corrupção e tantos erros nesse campo? Não é melhor deixar a política para quem circula com facilidade no meio corrupto? Como um jovem espírita pode querer exercer a política?*

R Isto é generalizar e toda generalização comete injustiça. Há políticos honestos, esforçados e trabalhadores, empenhados em acertar. Os jovens devem interessar-se pela política, pois o seu exercício viabiliza a construção de um mundo melhor. Alienar-se é abrir espaço para práticas ilegais. Os jovens em geral, e os jovens espíritas em particular, devem aprender a votar com consciência e buscar participar na política.

A política não é incompatível com o Espiritismo, porém, as pessoas precisam compreender que é necessário persistência no bem, para não cair nas malhas das tentações do poder. O espírita, como todos os cidadãos, tem o direito da participação, inclusive a partidária. Os cargos políticos são parcelas do destino humano que Deus deposita nas mãos de cada representante. Quanto mais elevado o cargo, maior a responsabilidade, e também maior a possibilidade de participar da construção de um mundo justo e bom. Não devemos condenar a política, e sim o mau político. Deve-se levar em conta que acima de todas as políticas, existe a do amor, da bondade, da esperança. Lembre-se que para um novo mundo, precisamos de novos homens.

Eventos espíritas pagos

P *Qual a finalidade de tantos congressos e simpósios? Parece-me que esses eventos privilegiam uma determinada faixa da população com maior poder aquisitivo. Afinal, o que visam esses encontros e eventos? Eles não poderiam ser gratuitos?*

R Esses encontros e congressos não poderiam ser gratuitos porque há um trabalho oneroso de infra-estrutura, portanto, é mais fácil que ele seja rateado entre os participantes. Esses eventos realmente privilegiam uma parte do público, mas por ora não há outro meio. Uma opção seria as instituições espíritas financiarem a inscrição e estadia de um ou mais membros da casa, para observar e relatar aos demais o conteúdo das teses em discussão. Esses encontros visam o estudo e a discussão de teses nascidas no próprio movimento espírita. Embora não sejam conclusivos, podem dar uma grande contribuição ao pensamento espírita. A Rede Boa Nova de Rádio, presente no Congresso Brasileiro em Goiânia, na Conferência Brasil-Portugal, e no Congresso Estadual, em Bauru, demonstrou a força democrática do rádio, levando para milhares de ouvintes parte do conteúdo desses eventos. Atualmente a Rede cobre todo o Brasil por meio de parabólicas e de retransmissões regionais, e com certeza, a democratização desses eventos dará um passo gigantesco.

Enterrado vivo

P *Estou preocupado, porque já ouvi muitas histórias sobre morte aparente, e desde aí, passei a ter muito medo de ser enterrado vivo. Isso é realmente possível? Como acontece?*

R Esse assunto é mais abordado pela área médica, mas como *O Livro dos Espíritos* faz um estudo do tema, vamos responder: realmente o corpo pode ter toda aparência da morte, mas com o progresso da medicina, são mais raros esses casos.

O Livro dos Espíritos ainda traz um capítulo sobre letargia, catalepsia e morte aparente. Kardec perguntou se um letárgico pode separar-se, em Espírito, inteiramente do corpo, aparentando estar morto, e depois retornar a ele. Obteve a seguinte resposta: *Na letargia o corpo não está morto, pois há funções que continuam a realizar-se; a vitalidade se encontra em estado latente, como na crisálida, mas não se extingue. Ora, o Espírito está ligado ao corpo enquanto ele viver; uma vez rompido os laços pela morte real e pela desagregação dos órgãos, a separação é completa e o Espírito não volta mais. Quando um homem aparentemente morto volta à vida, é que a morte não foi consumada*[1].

A possibilidade dessa ocorrência é remota, embora exista para todas as pessoas. O medo pode estar vinculado a algum trauma de infância ou a ocorrências em vidas passadas, e se chegar a interferir no cotidiano, é recomendado um tratamento psicológico e a assistência espiritual.

Natureza e identidade dos Espíritos

P *De que forma um médium que psicografa e publica livros assinados por grandes nomes da literatura mundial, pode ter a certeza de que o Espírito é realmente a personalidade que diz ser?*

R Os autores espirituais podem ter suas identidades reconhecidas por vários fatores, entre eles, o estilo. Quanto mais recente for a desencarnação do comunicante, mais semelhanças serão encontradas. Entretanto, temos que levar em consideração a capacidade do médium, a afinidade fluídica e moral entre ele e o Espírito comunicante e as possíveis mudanças na personalidade do Espírito. É comum, autores que nunca se preocuparam com questões morais, muito menos evangélicas, escreverem mensagens com essas temáticas após o desencarne. A identificação fica mais difícil quando o Espírito viveu no corpo há muitos séculos, e conhece-se pouco da sua obra. Entretanto, acreditamos que a autenticidade não seja tão importante, mas a qualidade da mensagem. Acreditamos que, quando um literato famoso assina uma obra mediúnica, ela seja examinada por uma

[1] *Kardec, op. cit. q. 232.* (N. do A.)

comissão, que conheça a obra do autor espiritual quando encarnado, para opinar se ela deve ou não ser publicada com o nome do autor espiritual. Pensamos que os Espíritos não estão interessados em disputar a atenção dos leitores, e nem estão à procura de lauréis, portanto, em muitos casos é preferível preservar a Doutrina Espírita, para que não seja exposta ao ridículo com algumas publicações.

Graus da mediunidade

P *Já ouvi, muitas vezes, vocês afirmarem que todos somos médiuns. Parece-me que Allan Kardec também afirma isso, mas como compreender a mediunidade notável de médiuns como Chico Xavier ou em meu caso, por exemplo, que nunca senti a presença de um Espírito, ou qualquer influência deles, ou até de fluidos?*

R De fato, todos nós somos médiuns, mas em graus diferentes. Allan Kardec classificou-os como generalizados e mediunato.[1] Herculano Pires, no livro *Mediunidade, Vida e Comunicação,* baseado no pesquisador Crawford, classifica a mediunidade como estática e dinâmica. Muitos colocam como mediunidade ostensiva e letárgica. A verdade é que o mediunato, a mediunidade dinâmica ou ostensiva, são faculdades patentes, para uso imediato. Os portadores têm capacidade de intermediar os Espíritos, seja pela fala, escrita, ou ainda outros modos, como tiptologia, sematologia, materialização, etc.

Entretanto, é falso o julgamento de que nunca sentimos uma presença espiritual, uma influência, um pensamento ou um fluido. Pode não ter ocorrido uma influenciação ostensiva, mas com certeza já sentiu pensamentos e impulsos vindos do plano espiritual. Contudo, se desejar ser

[1] *Kardec, Allan.* O Livro dos Médiuns. *São Paulo, FEESP, 1994. it. 159.* (N. do E.)

instrumento dos Espíritos, para falar ou escrever, fale somente o bem.

Não insultar, nem maldizer, não adotar linguajar chulo, escrever bilhetes de ânimo e coragem para familiares, amigos, colegas de trabalho, e também cartas para doentes crônicos é um bom método para ser instrumento dos bons Espíritos.

Índios, guerras e progresso

P *Não seria melhor para os indígenas, se os brancos não tivessem aportado no Brasil? Gostaria de saber, também, por que existem revoluções e guerras?*

R O progresso é lei natural, e Deus nos criou para o progresso. A missão das nações mais desenvolvidas é a de ajudar o desenvolvimento dos povos mais atrasados, porém, sem explorá-los, muito menos escravizá-los. Os indígenas são seres humanos, portanto, sujeitos ao progresso. Certamente, eles avançariam sem a interferência do homem branco, mas seria extremamente lento. Grande parte dos indígenas daquela época, já evoluíram o suficiente para reencarnar no meio civilizado. A descoberta foi necessária, a ação predatória dos civilizados, não! No entanto, Deus produz o bem em todas as situações, e da exploração, nasceu a evolução para os indígenas. Quanto à sua segunda pergunta, vamos responder com um texto de Allan Kardec: *O homem não pode perpetuar-se na ignorância, porque deve chegar ao objetivo determinado pela Providência: ele se esclarece pela força das circunstâncias. As revoluções morais, como as revoluções sociais, infiltram-se pouco a pouco nas idéias, e germinam durante os séculos; de repente, manifestam-se ruidosamente, fazendo ruir o edifício carcomido do passado, que não está mais em consonância com as novas necessidades e aspirações*[1]. Como podemos perceber, tudo tem um propósito. Se as guerras civis ou as guerras entre nações provocam muita dor, também promovem o progresso. No entanto, aqueles que as suscitam em proveito próprio, responderão duramente por isso.

Obsessão ou doença mental?

P *Creio estar atravessando por um processo obsessivo. Como saber se realmente estou em processo obsessivo, ou se sou portador de uma patologia mental?*

R Tanto as obsessões, como as doenças psiquiátricas, incluindo a depressão e a angústia, são enfermidades da alma. Em *O Evangelho Segundo o Espiritismo*, no capítulo referente às preces, há a prece pelos obsediados, identificando a obsessão como uma doença da alma: *para preservar-se das doenças, fortifica-se o corpo; para se garantir da obsessão, é preciso fortalecer a alma*[2]. Deduzimos que a raiz da obsessão está no próprio obsediado, em conseqüência dos desequilíbrios emocionais e dos desconfortos físicos, permitindo a interferência dos Espíritos obsessores. Concluímos que todo processo obsessivo está ligado a um problema íntimo não resolvido, desta ou de outras vidas, e que, num dado momento, emergem do inconsciente. É muito difícil traçar uma linha divisória entre a auto-obsessão e a hetero-obsessão. É prudente que o paciente seja tratado no seu todo. Não basta afastar ou doutrinar os obsessores, porque a raiz do problema continua instalada no íntimo do paciente. Ao desencarnado, devemos dar carinho, fraternidade e esclarecimentos. Ao encarnado, também o carinho e a motivação para uma mudança de atitudes e

[1] *Kardec, op. cit. q. 783 (Comentários de Allan Kardec).* (N. do E.)
[2] *Kardec, O Evangelho..., op. cit., p.343.* (N. do E.)

pensamentos. Quando esses cuidados não são suficientes, é aconselhável o encaminhamento a um profissional, especializado em psiquiatria ou psicologia. A junção dos dois tratamentos é muito benéfico para o paciente, e a quebra dos preconceitos mútuos, é altamente positivo.

Divulgação do Espiritismo

P *Quando os centros espíritas vão criar coragem e "derrubar as próprias paredes"?*

R Primeiramente é preciso entender o significado de "derrubar as paredes". Se isto significa que as práticas se tornem públicas, ou realizadas ao ar livre, ou que se faça uma espécie de pregação espírita, como algumas religiões fazem de porta em porta, não acreditamos na eficácia de tais métodos. Mas se você se refere a uma ação espírita na sociedade, a uma influência benéfica sobre pessoas e instituições, modificando-as naturalmente para melhor, a idéia é válida. Quando os espíritas começam a marcar presença em debates e mesas-redondas, quando são chamados a opinar sobre determinados temas, certamente o Espiritismo está saindo das quatro paredes do centro. A programação da Rede Boa Nova de Rádio, assim como inúmeras outras existentes no Brasil, também são modos de "derrubar paredes". Levar a Doutrina Espírita às escolas em todos os níveis, aos presídios, às instituições, mas sem proselitismo, sem pregação sistemática, também é um bom meio de sair dos muros da casa espírita. Entretanto, o melhor meio de expandir a doutrina, é a nossa vivência individual. Ser honesto, otimista, bom, compreensivo, trabalhador, participativo, fará com que as pessoas entendam que o Espiritismo tem uma mensagem superior, capaz de mudar o mundo e construir a paz e a justiça.

Orar e vigiar

P *O que Jesus de Nazaré quis dizer com a expressão "Orai e vigiai para não cairdes em tentação"? Tenho um parente que solicita a família, a todo instante, para a realização de preces. Isto está certo?*

R Abordaremos primeiro o significado de *orar e vigiar*. Num mundo conturbado como o nosso, em que situações ora diferentes, ora sedutoras aparecem a todo instante, convidando ao erro, é preciso vigiar. Vigiar é estar atento, desperto, como a sentinela faz em relação ao seu trabalho. Logicamente a nossa vigilância não é armada. Precisamos apenas estar atentos ao que se passa à nossa volta. Orar não é estar repetindo palavras ou rezas. Podemos estar mentalmente em estado de oração, ou seja, com a mente elevada, por meio de pensamentos bons, fraternos, compreensivos e amistosos. Palavras são apenas a vestimenta do pensamento. Formalizar preces a todo instante ou por qualquer motivo, evidencia um provável desequilíbrio. Não são preces longas, ou a repetição de certas palavras que irão alterar as nossas condições interiores. A prática do bem é a melhor oração. O trabalho, tanto para o próprio sustento, como para auxiliar o próximo, é também, uma oração. VIGIAR, estar vigil, alerta, interessado no que se passa. ORAR, trabalho edificante no bem, pensamentos elevados, revestidos ou não de palavras.

Cosmos

P *Como devemos entender ou como definir a palavra* Cosmo*?*

R Podemos afirmar que o espaço universal é o Cosmo. Quando os Espíritos falam em *fluido cósmico universal*, referem-se a um fluido primário, do qual se derivam todas as coisas existentes. Mas procuramos algumas definições e encontramos, no dicionário da língua portuguesa, como sinônimo de universo. Os seus variantes também relacionam como definição os mundos materiais. Mas não ficamos satisfeitos e fomos procurar em Huberto Rohden, que não nega a definição do dicionário, mas diz que prefere utilizar a palavra, como *a alma invisível do corpo visível do universo.* Ensina ele, que *kosmos* é palavra grega que corresponde ao termo latino *mundus.* Afirma, ainda, que kosmos é o radical de um vocábulo que quer dizer belo, e daí deriva a palavra cosmético. Mundus, ensina ele, significa puro, cujo oposto é *immundus*, impuro. Rohden explica que o termo latino, que com mais precisão designa o caráter do kosmos ou do mundus, é a palavra Universo, composta de Uno e (di) verso: ou seja, *unidade na diversidade*, que é harmonia. Se o mundo fosse somente unidade, sem diversidade, seria monotonia. Se o mundo fosse apenas diversidade, sem unidade, seria caos. Mas como o mundo é unidade na diversidade, ou diversidade na unidade, ele é a mais extraordinária expressão da harmonia. O cosmo é, portanto: beleza, pureza, harmonia, completa o filósofo.

Evolução – só pela dor?

P *Creio que minha tese é complicada. Se precisamos sofrer para pagar os erros do passado e progredir, não é melhor procurar o sofrimento? Temos o direito de aliviar o sofrimento do nosso próximo? Ao ajudá-lo, não estamos impedindo a sua evolução?*

R Não concordamos com o seu modo de pensar. Em primeiro lugar, não nascemos para sofrer, e sim para evoluir e crescer. O sofrimento não é o único modo de quitarmos as nossas dívidas do passado, pois existem muitos outros, entre eles, o trabalho e o amor. Infelizmente, ficou calcado em nosso psiquismo, a dor como castigo, por isso a história de Adão e Eva, com o pecado original, permanece até hoje. Vivemos num mundo moralmente atrasado, onde a maioria é formada por pessoas ignorantes, egoístas e orgulhosas, portanto, cometemos muitos enganos, e estes provocam reações dolorosas, contudo, a finalidade da vida é o aprendizado. Não devemos procurar o sofrimento, mas enfrentálo corajosamente, quando ele é inevitável. A ajuda ao próximo, é mais do que direito, é dever, obrigação de todos. Jesus afirmou: *dai de comer a quem tem fome, de beber a quem tem sede, vesti o nu, visitai o enfermo e o encarcerado.*[1] Podemos entender que precisamos saciar, também, a fome e a sede de amor, de compreensão, de amizade, de solidariedade, e visitar os enfermos da alma, os encarcerados da consciência. Deixar de cumprir os deveres de fraternidade, solidariedade e amor, é consagrar o egoísmo. Reafirmamos: ao ajudar o próximo, aliviando os seus sofrimentos, não estamos impedindo, mas ajudando a sua evolução.

Qualidade das obras espíritas atuais

P *Há uma quantidade excessiva de livros espíritas que existe em circulação, atualmente, com má qualidade de conteúdo, muitos dos quais até antidoutrinários. Não seria viável constituir-se uma comissão para examinar os originais, e impedir a publicação de livros de má qualidade?*

R O que você propõe é um instrumento de censura, e isso não combina com a Doutrina Espírita, que é uma instituição democrática. Não podemos pensar em instrumentos que cerceiem a liberdade, mas podemos pensar em bom senso. No caso, envolveria três pontos: autor encarnado, autor espi-

[1] *Mateus, 25: 31-46.* (N. do E.)

ritual quando a obra for mediúnica, e editora. Todos temos a liberdade de escrever e expor as nossas idéias, desde que tenha quem deseje publicá-las. Allan Kardec escreveu um artigo para a Revista Espírita[1], em que o título era um questionamento: *Devemos publicar tudo o que os Espíritos escrevem?* No corpo do artigo ele conclui que não. Afirma ainda que no mundo dos Espíritos existem muitos escritores, mas como na Terra, os bons são poucos. Hoje há, realmente, maiores facilidades para se editar livros, e a quantidade tende a superar a qualidade. Escritores ou Espíritos muito produtivos não conseguem manter a mesma qualidade, variando de livros ótimos a bons, razoáveis e sofríveis. As editoras deveriam ponderar mais profundamente sobre a qualidade e a oportunidade do lançamento. Tudo isso pode ser examinado, discutido, analisado, mas a solução não pode ser por organismos de censura. Cabe ao centro espírita preparar os freqüentadores para uma visão crítica, por meio do conhecimento espírita de qualidade, desta forma a seleção seria natural.

Educação dos filhos

P *Por que os pais falham ao executar o planejamento educacional dos filhos? E por que os Espíritos superiores, sabendo que a pessoa vai fracassar em sua missão, permitem que tenham filhos?*

R Educar filhos é uma tarefa realmente difícil. Entretanto, a instrução depende de boas escolas. A educação, que entendemos como formação moral, depende muito da capacidade dos pais. Para educar moralmente, é preciso exemplificar. Logicamente os pais querem o melhor para seus filhos, mas nem sempre sabem o que é o melhor.

[1] Revista Espírita, *novembro de 1859.* (N. do E.)

A segunda parte da sua pergunta é interessante. Primeiro, não são os Espíritos superiores que permitem ou não os nascimentos. Isso pertence à ordem divina, ao planejamento ou às leis criadas por Deus. Além do livre-arbítrio, precisamos considerar que é pela reencarnação que os Espíritos evoluem. Nenhum Espírito atingirá estágios superiores se permanecer apenas no plano espiritual. Precisamos das experiências reencarnatórias para colocar em prática aquilo que aprendemos em teoria. As reencarnações estão ligadas à lei de causa e efeito. Em algumas circunstâncias, um Espírito renasce numa família problemática ou de pais incapazes, porque foi um mau pai ou mãe em outra vida. Contudo, o objetivo primeiro da reencarnação é o progresso, a evolução do Espírito. A vinculação a essa ou aquela família, se deve aos compromissos anteriormente assumidos. Portanto, é impossível aos Espíritos superiores impedirem os renascimentos na Terra ou em outros mundos.

Solução final: amar

P *Por que as religiões não centralizam os seus esforços no objetivo principal da vida, que é o amor? Se existisse amor entre as pessoas, certamente muitos problemas desapareceriam de forma natural. Vocês não concordam?*

R Concordamos sim. Entretanto, parece que o homem tem medo de amar. Sócrates foi condenado à morte, porque quis ensinar à juventude grega o amor. Jesus de Nazaré foi condenado a morrer na cruz, por amar a humanidade e ensinar que devemos amar a Deus acima de todas as coisas, e ao próximo como a nós mesmos. Se houvesse amor não haveria guerras, maldades, desonestidades. Ninguém morreria de fome, nem viveria abandonado. O Espírito da Verdade, numa belíssima mensagem que Allan Kardec inseriu em *O Evangelho Segundo o Espiritismo*, chamou a nossa atenção para a importância do amor, afirmando: *Espíritas, amai-vos, este é o primeiro ensinamento; instruí-vos, este o segundo.*[1] Percebam, que o amor vem antes da instrução, porque, quem não a possui, mas no entanto, sabe amar, dificilmente prejudicará alguém. Contudo, quem é instruído, mas não ama, pode prejudicar muitas pessoas. Consideramos, também, que precisamos aprender a amar a nós mesmos, para aprendermos a amar o nosso próximo. São palavras de Jesus de Nazaré: *Amarás ao Senhor, teu Deus, com toda a tua força, tua capacidade e entendimento, e ao teu próximo como a ti mesmo.* Portanto, o mesmo amor que dedicamos a nós, precisamos dedicar ao nosso próximo. O amor ilumina, santifica, eleva. Realmente, precisamos ensiná-lo, mas para tanto, precisamos amar.

Aversão à vista de sangue

P *Gostaria de trabalhar em hospitais, mas sofro de hematofobia*[2]*. Esse problema deve-se a influências espirituais ou vidas passadas?*

R Existe uma tendência no meio espírita, em creditar os problemas e dificuldades às vidas passadas, ou a influenciações de Espíritos. É natural que as vidas passadas ou reencarnações, influenciem a nossa vida atual. Experiências fortes, que marcaram profundamente o Espírito, podem aparecer como seqüelas numa próxima reencarnação. Das experiências anteriores surgem, também, as tendências e vocações, assim como fobias e manias. Por outro lado, é conhecido o fato de que os Espíritos podem nos influenciar. Quando um deles, enfermo, envolve-se fluidicamente com

[1] *Kardec, op. cit. p.105*.(N. do E.)
[2] *Hematofobia: aversão mórbida à vista de sangue.* (N. do E.)

um encarnado, este passa a sentir os sofrimentos e intranqüilidades daqueles.

Entretanto, afirmar que seu problema seja devido as vidas passadas ou a influenciações de Espíritos, seria simplismo da nossa parte. O mais provável é que você tenha, realmente, hematofobia. Problemas emocionais ou psicológicos podem ter causas diversas. Existe tratamento para isso? Acreditamos que sim. Mas, acima de tudo, força de vontade e autodeterminação. Além disso, você pode trabalhar em outros setores de um hospital, cuidando de crianças ou idosos enfermos, proporcionando-lhes o melhor de seu profissionalismo e amor.

Sonhar com a morte

P *A ação de um obsessor poderá fazer com que alguém sonhe continuamente com a morte de um membro da família?*

R Não podemos afirmar que o caso citado por você seja obsessão. Sonhos são, geralmente, obscuros, confusos e quase sempre incoerentes. Entretanto, se um sonho se repete, talvez seja um aviso de que algo não vai bem com a pessoa. Os sonhos constantes da perda de um familiar pode significar o medo de perdê-lo. Precisamos compreender que a vida corporal é limitada a um certo tempo. Sonhando ou não, todos nós desencarnaremos, porque o Espírito imortal desliga-se da carne e passa a viver livre no mundo espiritual ou na erraticidade, como chamava Kardec. Nascer e morrer é fenômeno natural para o Espírito durante a sua jornada evolutiva em demanda à perfectibilidade. O Espírito só deixará de reencarnar quando se tornar puro, até onde alcança o nosso conhecimento. Logicamente, em mundos ainda atrasados como o nosso, a desencarnação ainda é traumática e dolorosa.

Nossa confiança na imortalidade ainda é pequena e repleta de dúvidas e temores. Contudo, como dizem os Espíritos superiores, a morte liberta o Espírito das cadeias que o prendem à matéria, por isso deveria ser motivo de regozijo e não de dores e lamentos.

Estupros

P *Por que uma moça que cultivou tantas esperanças de realizações em sua vida sofre uma ação violenta contra a sua própria integridade física? Deve-se atribuir a agressão ao destino?*

R Todas as pessoas nascem com o objetivo de vencer, crescer e progredir rumo à evolução. A destinação dessa moça mencionada, também foi essa. Entretanto, ela pode ter consentido em passar por tal provação ou pelo menos saber que correria tal risco. As leis de Deus são magnânimas e não cobram, coercitivamente, a não ser em situações muito especiais. É preciso compreender que ninguém nasce para ser um agressor, ou mesmo para agredir uma determinada pessoa. Vivemos num mundo de expiações e provas, portanto, um mundo ainda atrasado, onde a maioria dos habitantes têm um desenvolvimento primário. Todos nós estamos sujeitos a muitas coisas, contudo, não podemos desanimar. A construção de um mundo melhor depende de nós, da nossa participação e empenho nessa construção. Além disso, essa pessoa, embora passando por uma situação difícil, um verdadeiro drama, não pode desistir da vida. A violência sofrida deve torná-la solidária com outras vítimas, e levá-la a fazer alguma coisa pela dignidade de outras mulheres. Não estamos minimizando o acontecimento, porém, não podemos mudar o que já aconteceu. Por mais doloroso e revoltante que seja, ela precisa continuar vivendo, em respeito à própria vida. Certamente ela precisa de amparo, assistência psicológica, e de muito amor da família e dos amigos. A brutalidade sofrida pode ser amenizada com a bondade das pessoas que a cercam.

Arrependimento

P *Reconheço agora, na velhice, que tirei proveito de situações, durante a vida, nas quais me utilizei da mentira, impedindo o crescimento e o sucesso de subordinados e da própria família. Serei castigado por isso, ou sofrerei as conseqüências de alguma maneira?*

R O reconhecimento dos próprios erros já é um fator muito importante, pois muitas pessoas prejudicam o seu próximo e não reconhecem os próprios enganos. Em primeiro, lugar vamos esquecer essa história de castigo, punição. A vida não objetiva castigos, e sim, experiências, correções daquilo que não foi acertado. Você está em débito com as pessoas que cerceou e prejudicou para tirar vantagens. Entretanto, é possível corrigir isso agora, se não com as mesmas pessoas que prejudicou, caso as condições já não mais permitam, com pessoas que estão iniciando suas carreiras, estimulando-lhes a evolução, o progresso. Se você tem condições financeiras, comece por oferecer bolsas de estudo para crianças e jovens. Não será preciso que você desencarne e venha a reencarnar posteriormente para sofrer os cerceamentos, ou ser enganado para pagar os seus débitos. Você pode ter uma reencarnação onde possa trabalhar a favor daqueles que você enganou, prejudicou ou impediu o progresso. Nem precisa ser necessariamente com os envolvidos, mas um trabalho em favor da humanidade. Você diz que já está idoso, pois bem, aproveite as experiências da vida e seja bom, um amigo, um conselheiro para aqueles que estão iniciando suas carreiras. Trabalhe em favor da vida e do amor.

Timidez

P *Sou muito tímido, e tenho grandes dificuldades de relacionamento. No ambiente de trabalho, nunca participo de confraternizações. Raramente faço amizades, e quando isso acontece, os amigos também são tímidos. Aos 30 anos, nunca tive uma namorada, apesar de já ter estado apaixonado mais de uma vez. O meu problema é carma ou "encosto"? Existe algum tratamento para que possa curar-me?*

R A explicação que você atribui como causa para seus sofrimentos é simplista. Primeiramente é necessário entender que carma é o resultado, ou a resposta às nossas ações. E tanto *encosto*, como *carma*, não fazem parte do vocabulário espírita. Encosto é a influência de um Espírito desencarnado sobre uma pessoa, passando-lhe os sofrimentos, angústias e até timidez dos quais é portador. Poderia, então, ser um Espírito que o deixa tímido, aliás, com verdadeira fobia social? Não! É mais provável que a sua timidez atraia Espíritos com semelhantes emoções, que reforçam essa sua predisposição psicológica. Você pergunta se existe tratamento: existe sim, tanto espiritual como psicológico. O tratamento espiritual é feito no centro espírita, mas o melhor terapeuta é você mesmo. Mentalize-se sem problemas de timidez, diga a si mesmo que foi criado por Deus, com muito amor. Acredite que é herdeiro do universo, e tem dentro de si todas as potencialidades a serem desenvolvidas. Otimizá-las é um desafio, você conseguirá. Afaste os pensamentos negativos, porque se Deus o criou com amor e confia em você, ninguém poderá despojá-lo desse laurel. Com certeza você vencerá. Experimente.

Mediunidade audiente

P *Ouço vozes masculinas em casa. Sou médium, e os Espíritos não me deixam em paz. O que fazer?*

R A mediunidade é inerente a todos os seres humanos; as manifestações é que diferem de uma pessoa para outra. O médium percebe o mundo espiritual e pode reproduzir o pensamento do Espírito, pela palavra ou pela escrita. Outros tipos de mediunidade são a vidência e a audição. Ao que nos parece, você tem a mediunidade audiente. Você percebe a presença de dois Espíritos que a incomodam continuamente. Isso caracteriza uma obsessão. Aconselhamos que procure um bom centro espírita e passe por um tratamento de passes e desobsessão. Depois é preciso que participe de cursos, a fim de conhecer a mediunidade para utilizá-la com consciência. Aconselhamos você a não prestar atenção no que esses Espíritos dizem. Cultivar a prece e os bons pensamentos, é uma maneira de afastá-los. Enraivecer-se, protestar, discutir, é um modo de segurá-los junto a você.

Ficou uma questão: Como saber o que é um bom centro espírita? Certamente existem algumas nuances mais difíceis de serem explicadas, mas em linhas gerais, podemos dizer que um bom centro espírita não tem imagens, velas, quadros de santos, vestes especiais de qualquer natureza, inclusive aventais. Não faz uso de nenhum instrumento ritual, bebidas, exceto a água pura magnetizada, não realiza sacramentos, como batizados, casamentos ou crismas, não cobra nada por qualquer atendimento, não promete soluções mágicas para os problemas da vida, não vende a salvação, mas prioriza os estudos, referentes à Doutrina Espírita, mediunidade, e outros.

Desobsessão

P *O que é uma sessão de desobsessão, qual o papel dos Espíritos mentores nesse trabalho e por que não é aberto ao público?*

R Para explicar o que é uma sessão de desobsessão, vamos primeiro explicar o que é obsessão.

Allan Kardec, em seu estudo sobre os Espíritos, constatou que Espíritos moralmente atrasados, rancorosos, vingativos, podem exercer influência sobre as pessoas, afetando-as emocionalmente, prejudicando o seu sistema nervoso e inoculando o desequilíbrio mental, causando problemas semelhantes à loucura. Toda obsessão tem a intenção de causar danos à pessoa e até destruí-la. Numa sessão de desobsessão, esses Espíritos se manifestam através de médiuns falantes, quando então, uma pessoa conversa com eles como se fosse uma psicoterapia, baseada no amor, nos ensinos do Evangelho. O papel dos Espíritos guias é o de coordenar esse trabalho, trazer os obsessores à sessão, inspirar os doutrinadores, preparar fluidicamente o ambiente e a ligação entre médium e Espírito comunicante, assim como tratar o obsedado, renovando-lhe as energias e fortalecendo-lhe a vontade. Logicamente existem muitas outras funções, mas acreditamos que as citadas já dão uma idéia do trabalho e responsabilidade dos Espíritos guias. As sessões de desobsessão não são públicas, da mesma forma que um psiquiatra ou um psicólogo não fazem as suas terapias em público. Os Espíritos manifestantes precisam de privacidade, já que, não raro, abrem o coração e se despem emocionalmente. Além disso, pode acontecer de haver revelações de ordem privativa, pessoal, envolvendo pessoas ainda encarnadas ou acontecimentos recentes. Outro fator é que, com a equipe de trabalhadores, é mais fácil manter a harmonia do ambiente, que precisa de equilíbrio e pureza de intenções.

Dizer-se ou não espírita?

P *Por que não passamos a mensagem espírita sem rotulagens para que possa ser melhor aceita por aqueles que não são espíritas?*

R Existem muitas pessoas que já agem dessa maneira. A maior parte delas realiza trabalhos em escolas, empresas e afins e não identificam seu trabalho como espírita. Fazem-no por solidariedade, humanitarismo, fraternidade. Contudo, não compreendemos porque esconder a identificação espírita do nosso trabalho ou da nossa mensagem. Se as pessoas não aceitarem por preconceito, pouco adiantará omitir, pois quando souberem, repudiarão a mensagem ou o trabalho. Por exemplo, se a Rádio Boa Nova omitisse a sua identificação espírita, para ter um maior número de ouvintes, estaria descaracterizando a sua mensagem. Temos que deixar bem claro que somos espíritas e que a nossa mensagem é espírita. O Espiritismo nada perde com o fato de pessoas desinteressadas não o aceitarem. A Doutrina Espírita não é proselitista no sentido de aumentar o número de adeptos, de ter força social. Logicamente gostaríamos de ver as idéias espíritas espalhadas e compreendidas por todos, porém, sabemos que isso é impossível no momento. A força de divulgação do Espiritismo está na exemplificação do adepto, sua força moral, sua coragem e sua fé. O espírita deve ser uma pessoa honesta, tranqüila, equilibrada emocionalmente, ajuizada, compreensiva. Com isso ele estará divulgando o Espiritismo, sem precisar alardeá-la.

Laços familiares conflituosos

P *Meu filho de 13 anos não tolera o pai, por este haver deixado o lar e retornado freqüentes vezes. Afirma que, no futuro, deseja vingar-se. Esse problema tem sua fonte em outras vidas?*

R O relato se encaixa bem na conceituação de vidas passadas; embora não possamos afirmar que seja, porém, é sugestivo. Allan Kardec explica que as famílias são formadas por laços espirituais ou apenas por laços consangüíneos. Esta se compõem de Espíritos que não se amam, não têm afinidades e sua ligação é social. As famílias ligadas pelos laços espirituais se amam e permanecem unidas mesmo após a desencarnação. Alguns Espíritos são ligados por afinidades inferiores, e juntos chegam a extremos de viciações e maldades, ou de mútuos suplícios. Pode acontecer que aqueles que se odiaram, prejudicaram-se mutuamente, peçam para voltar juntos numa mesma família, para, desta forma, tentar um entendimento. Entretanto, muitos fracassam nessa tentativa e não suportam o convívio doméstico, indo procurar a felicidade em outros lugares. Pode ser que o caso do seu marido e seu filho se enquadre nessa situação. Quiseram estar juntos, mas não suportaram, por isso há o ódio, o desamor. No entanto, não podemos descartar a possibilidade de que o trauma seja desta existência. O garoto pode ter visto ou vivido situações que o traumatizaram, o que desencadeou a revolta contra o pai. O que fazer? Preces, tratamento espiritual em um bom centro espírita, para toda a família, acompanhada, se possível, de terapia familiar com psicólogo competente. Muito diálogo com o jovem, estimulando-o a perdoar.

Mortes violentas

P *Qual a situação espiritual da pessoa que morre em acidente, assassinato ou suicídio?*

R A condição espiritual de quem desencarna, depende da sua evolução, do seu progresso, da sua compreensão da vida. Um Espírito evoluído que morre num acidente, ou é assassinado, pode ter uma primeira reação de surpresa e até de inconformação, entretanto, poderá reagir em pouco tempo e aceitar com naturalidade o acontecimento. Por outro lado, um Espírito atrasado, ignorante, poderá sentir as conseqüências da violência sofrida, com a mutilação ou trauma do perispírito, até que se descondicione da situação. Quanto ao suicídio, o Espiritismo repele veementemente esse ato, classificando-o como rebeldia, uma afronta às leis da vida, desobediência suprema a Deus. As narrativas de Espíritos que se suicidaram é de grande sofrimento. Começa pela decepção de saber que a vida continua, e que não resolveram os seus problemas ao se matarem. Espíritos como Camilo Castelo Branco, pela psicografia de Ivone Pereira e André Luís, através da mediunidade de Francisco Cândido Xavier, descrevem as conseqüências imediatas do suicídio no perispírito. Segundo eles, essas seqüelas acompanham o Espírito numa nova encarnação, causando enfermidades congênitas. Devemos exaltar a vida. Vamos valorizá-la como oportunidade sagrada de evolução. A vida é aprendizado, e luta para o aperfeiçoamento e educação espiritual.

Cura para a obsessão

P *Quais os diversos tipos de obsessão? Como ela se dá? O que ela pode causar? Como combatê-la? Podemos curá-la com remédios?*

R A obsessão se caracteriza por uma ação consciente de um Espírito sobre outro, com a clara intenção de prejudicar. Mais habitualmente, ela ocorre de um Espírito (desencarnado) sobre uma pessoa encarnada, mas pode ser o contrário, de um Espírito sobre outro, ou de um encarnado sobre outro. As obsessões são classificadas desde *simples*, caracterizada por manias, desvios morais, até *fascinação*, que se distingue por um juízo falso sobre as qualidades de um Espírito. Torna-se grave, quando um médium fica fascinado pela influência que o domina, e determina a orientação de sua vida. Aquele que fascina intromete-se em todos os assuntos pertinentes à vida do fascinado, que o tem como Espírito de alta hierarquia espiritual. A *subjugação*, por sua vez, é um tipo de obsessão muito grave, que, como o próprio nome diz, submete a vontade da vítima à do obsessor. Esse domínio pode ser mental e físico. Medicamentos não curam a obsessão, porque o efeito é moral. A transformação moral, a correção de hábitos infelizes, o crescimento espiritual são os melhores meios de se livrar das obsessões. Os centros espíritas, por meio de trabalhos de desobsessão podem ajudar muito, mas é conveniente um diagnóstico médico, e se necessário, o tratamento deverá ser material além de espiritual.

Filhos do divórcio

P *Tenho um casal de amigos que, divorciados, passaram a ter problemas com o filho que mudou seu comportamento. Não quer mais estudar, e tem dado muita preocupação. Gostaria de ajudar a família, mas não sei mais como fazer.*

R O casamento é um compromisso muito sério e que deveria ser melhor ponderado antes de realizar-se, e não depois da separação. Os casamentos acontecem porque as pessoas se amam, exceto aqueles por interesses materiais, como riqueza, fama, prestígio. Onde foi parar esse amor depois de alguns anos? Não estamos querendo dizer que os casais têm que permanecer juntos a qualquer preço, mas que devem ter maturidade para contornar as dificuldades, especialmente quando, da união, nasceram filhos. Há crianças que, embora abaladas pela separação, superam com certa facilidade o trauma, e chegam até a gostar da situação, porque acabam tendo duas casas e mais atenção. Outras se rebelam e passam a viver conflitos de maior ou menor intensidade. O que você pode fazer é ajudar o casal aconselhando-os a cercar o garoto de atenção e carinho. Às vezes, é preciso recorrer a um bom psicólogo infantil. Você pode orar por eles, e se tiver possibilidades, recomendar àquele que se ausentou do lar, que não se ausente do filho. Que mantenha estreitos laços afetivos com o menino, e procure explicar as razões da separação, de modo que ele possa compreender. Somos de opinião que, numa separação, aquele que mantém economicamente o lar, tem a obrigação moral de continuar provendo-o, enquanto os filhos forem dependentes.

Provas na maturidade

P *Por que as provas da reencarnação só se manifestam em nossas vidas após os 40 anos, e não na juventude?*

R Na verdade, as provas da reencarnação aparecem em todas as épocas da nossa vida, porém, na juventude não prestamos atenção, porque os nossos interesses geralmente são outros. É preciso estar interessado, vigil, para que possamos perceber as provas que a vida nos mostra. Geralmente, após os 40 anos, estamos vivendo mais calmos, mais tranqüilos. As provas da reencarnação geralmente se dão com as lembranças de outras vidas, mas o grande valor está na argumentação, nas provas morais. Se acreditamos em Deus como criador do universo, nosso Pai, bom e amoroso, mas sobretudo justo, não é possível que ele crie filhos com qualidades diferentes, ou seja, uns bons e outros maus, alguns sadios e outros enfermos desde o nascimento e até dentro do útero materno. Alguns muito inteligentes e outros com problemas mentais. Partimos da premissa de que fomos criados simples e ignorantes. Todos partimos do mesmo ponto e todos temos uma única meta, a perfectibilidade. Fomos criados por Deus com essa destinação. Contudo, como alcançar esse patamar numa existência de menos de uma centena de anos? A resposta é exatamente a reencarnação. Reencarnamos em sexos, raças, culturas, condições sociais diferentes. Reencarnamos em mundos diferentes, e nesse processo, corrigimos os nossos erros de outras vidas e aprendemos com a Vida. Não pode haver justiça no universo sem a reencarnação. Portanto, ela não é punitiva, mas propiciadora de oportunidades de progresso e redenção.

Descobrimento do Brasil e o Espiritismo

P *À época do descobrimento do Brasil já havia Espiritismo e comunicação mediúnica?*

R Na época do descobrimento ainda não existia a Doutrina Espírita, que só veio a se materializar na Terra, em 1857, quando foi lançado *O Livro dos Espíritos*. Naturalmente, havia manifestações de Espíritos à época, e em tempos mais recuados, porque os Espíritos se manifestaram em todas as épocas. As manifestações não eram como as de hoje, e nem existiam as palavras *mediunidade* e *Espiritismo*, criadas por Allan Kardec. A Doutrina Espírita teve que esperar 357 anos contados a partir do descobrimento, porque só nessa época a humanidade estaria preparada para recebê-la. Ela chegou num momento crucial, pois os homens, mais esclarecidos, começavam a libertar-se do dogmatismo religioso. Por falta de opção, e pelo intelectualismo acadêmico vigente em muitas universidades, havia uma forte tendência para o materialismo, negando a existência de Deus, por parecer inútil num mundo injusto e desigual, onde bens e males, saúde e doenças, inteligência e atraso eram tão mal distribuídos. O Espiritismo, embora ainda negado por muitos, veio mostrar um Deus justo, que nos criou para a felicidade, embora tenha dado ao homem o direito de construí-la. Aprendemos que todos os Espíritos têm um único ponto de partida, simples e ignorante, com igual propensão para o bem, para o progresso. Se o Espiritismo tivesse vindo àquela época, teria sido prematuro.

O Espiritismo e o Dr. Fritz

P *Estou inconformado com o que a mídia reportou sobre o médium que diz trabalhar com o Espírito Dr. Fritz. Por que ninguém defende a Doutrina Espírita, que tanto amo?*

R Acreditamos que as instituições responsáveis pelo movimento espírita tem procurado esclarecer que ser médium não significa obrigatoriamente ser espírita. Acreditamos que nenhum espírita de bom senso aprova os espetáculos mediúnicos apresentados por alguns médiuns que se celebrizaram graças aos meios de comunicação. Compreendemos o quanto é difícil para um médium que não está respaldado por um profundo conhecimento doutrinário e por uma instituição com reais alicerces espíritas, controlar as manifestações e o assédio sofrido pelo instrumento mediúnico de forma constante. O que temos que fazer não é sair alardeando que as atitudes desses médiuns não retratam o Espiritismo, mas mostrar o que é a Doutrina Espírita. Tivemos a oportunidade de conviver com médiuns simples e humildes que fizeram muitas curas utilizando apenas as mãos, sem instrumentos cortantes ou traumatizantes, em cômodo reservado, longe da curiosidade do público e dos holofotes da televisão ou dos flashes dos repórteres fotográficos. É necessário entender que a finalidade primeira do Espiritismo não é curar doenças, mas esclarecer o homem para preveni-las.

A linguagem das parábolas

P *Não concordo com o enredo das parábolas de Jesus. Numa delas há como um incentivo aos desajuizados. Acredito que o irmão que permaneceu junto ao pai estava com a razão. Qual a opinião de vocês?*

R Naturalmente, a intenção de Jesus de Nazaré não foi a de incentivar a irresponsabilidade, mas de mostrar a bondade do Pai criador. O filho, chamado pródigo, dissipou os bens herdados de seu pai. Quantas pessoas dilapidam o seu patrimônio espiritual, como a inteligência, o raciocínio, o pensamento contínuo e criador, herança a que têm direito por serem filhas de Deus. Podemos dizer que o filho pródigo tomou as rédeas do seu destino em suas mãos, e quis dar, ele mesmo, os rumos e o ritmo da sua vida, destruindo seu patrimônio. O Pai jamais fecha a porta do lar paterno aos filhos arrependidos. Quanto ao outro filho, não se afastou da sua casa, nem tomou as rédeas do seu destino em suas mãos, por falta de coragem. Ao permanecer em casa, comendo e bebendo da mesa do Pai, submeteu-se em troca da segurança. Dando uma visão mais ampla da parábola, podemos dizer que há pessoas aparentemente boas, comportadas, cumpridora de seus deveres, porque têm medo de arriscar-se. Gostariam de ousar, mas falece-lhes a coragem, por isso condenam os que ousam. Provavelmente, existem os que optaram livremente pela obediência, sem os medos e angústias dos desejos. Esses não condenam o irmão aventureiro, mas recebem-no de braços abertos.

Relações humanas obsessivas

P *O que devo fazer para evitar a obsessão de encarnado sobre encarnado?*

R Acreditamos que para evitar a obsessão de um encarnado sobre nós, seja mais simples do que lidar com a obsessão provocada por um Espírito desencarnado, porque o encarnado pode ser visto e analisado: quanto ao desencarnado, sua ação é oculta, pois ele é invisível para nós. A ação do Espírito mistura-se com os nossos pensamentos. Falamos que a ação de um encarnado sobre outro é mais fácil de ser identificada, mas às vezes é difícil escapar da influenciação. Há pessoas que têm forte influência sobre outra, levando-a aos vícios e à degradação moral. Há aqueles que obedecem cegamente às sugestões de seus obsessores e se comprazem nisso. Não seriam capazes, talvez, de fazer certas coisas por si mesmas, contudo, impulsionadas por seus dominadores, concretizam o mal. Como nos livrar dessas influências? Não se deixando dominar, não caindo na fascinação, sendo criterioso e equilibrado em todas as nossas ações, repelindo as insinuações maldosas. As obsessões de encarnados sobre encarnados se dão também coletivamente, por meio de ídolos políticos, artísticos, esportivos, e religiosos, desequilibrando mentes fracas que se deixam dominar. É sempre bom examinar as nossas tendências e verificar se aceitamos com facilidade as sugestões de terceiros.

Amizades espirituais

P *Os amigos que tenho hoje, conviveram comigo em outras reencarnações?*

R Com certeza, muitos dos seus amigos conviveram com você em outras vidas, porém, muitos outros são amigos desta atual reencarnação. Como identificar os antigos dos novos? Em primeiro lugar, não vemos nenhuma vantagem nisso. Amigos são amigos, e quando dedicados, leais, devem ter um lugar em nosso coração. Entretanto, podemos dizer que há alguns amigos que se destacam por uma afinidade profunda conosco. São mais do que amigos, são como irmãos. Entendem-se pelo pensamento, pelo olhar, e são apoio um para o outro. Podemos dizer que, quando reencontramos um amigo que já nos acompanha de várias existências, a afinidade é instantânea. Basta conversar um pouco ou ficar próximos e surge a impressão de nos conhecermos há séculos. Aqueles amigos que você ama, que não fazem cobranças e nem você os cobra, que não exigem nada, que estão prontos a perdoar, compreender, aceitá-la como você é, certamente são amigos de outras vidas. É preciso lembrar que o mundo nos apresenta novos amigos que precisamos valorizar. Pode ter a certeza que o coração sentimental é expansível, e nele cabe uma infinidade de amigos. Cultive a amizade como uma religião; a religião do amor.

O Espiritismo prega o conformismo?

P *Não sou espírita, mas leio livros doutrinários e assisto conferências de renomados oradores do movimento espírita. Tenho comigo a impressão de que o Espiritismo prega o conformismo, além de não poder provar a reencarnação. Podem me responder?*

R O fato de você não ser espírita e ler livros doutrinários e assistir palestras, deixa-nos felizes, pois uma porta do seu entendimento continua aberta. O nosso receio é apenas o preconceito. Se o seu contato com a Doutrina Espírita é movido pelo preconceito, será difícil você chegar a um pensamento favorável ao Espiritismo. Não pretendemos converter pessoas, mas como você nos escreveu, damos um tratamento especial às suas dúvidas. Primeiro, vamos abordar o conformismo. Há um equívoco da sua parte. Não somos conformistas, mas resignados. Quando o sofrimento aparece em nossa vida, em nome da nossa evolução (aprendizado pela dor) ou por quitação de débitos passados, e não podemos evitá-lo, não adianta a revolta, pois, agindo assim, o sofrimento só tende a aumentar. Quando compreendemos isso, passamos a ter o consenso do coração, e o sofrimento se torna suportável. Quanto às provas da reencarnação, não pode existir pesquisa, quando o pesquisador já está imbuído dos resultados que quer alcançar. Desta forma, o espírita sempre encontrará provas da reencarnação. Aqueles que duvidam ou não aceitam a idéia, sequer verão as provas, por mais evidentes que elas sejam. Portanto, nosso interesse nessa resposta não é convencê-lo. Quer você acredite, quer não, a reencarnação não deixará de existir, assim como não existirá apenas porque acreditamos. Recomendamos a você os livros do Dr. Ian Stevenson, Hernani Guimarães Andrade, Gabriel Dellane, e o próprio Allan Kardec, quando trata do tema reencarnação, e outros que você descobrirá. Ficaremos felizes se examinar o assunto sem preconceitos.

Pena de morte

P Estou revoltado com os espíritas que se declaram contra a pena de morte, e a favor dos direitos humanos. Em meu entender, posições como estas facultam o surgi-mento de ações como as de seqüestradores.

R A vida é um suceder de experiências que, quando são bem aproveitadas, nos fazem progredir. Realmente, somos defensores dos direitos de todos os seres humanos, e também da vida animal e vegetal. Em suma, a vida é uma escola. Todos têm o direito inalienável de viver, e defendemos, também, que todos tenham o suficiente para viver com dignidade. Somos contra a pena de morte por vários motivos, entre eles a impossibilidade de corrigir uma injustiça. Quantos foram inocentados após anos de prisão, e mesmo após a execução? Quando a justiça executa uma pessoa, ela está cometendo um assassinato, legalizado pela lei dos homens, mas contra as leis divinas. Só a natureza tem o direito de tirar a vida, porque Deus concedeu-lhe esse direito por meio das leis naturais. Certamente, consideramos que os indivíduos perigosos para a sociedade precisam ter a sua liberdade tolhida, mas com humanidade, e oportunidade de reeducação.

O Espiritismo visa atrair seguidores?

P Fiquei abalada com os argumentos de um amigo contra o Espiritismo. Afirma ele que os espíritas se utilizam de imagens e da pregação do Evangelho para atrair católicos e pessoas incautas. Favor confirmar a veracidade de tais afirmações!

R O primeiro argumento é fácil de ser rebatido, porque os centros espíritas não utilizam imagens de santos. Isso é próprio do sincretismo afro-católico-brasileiro, como a umbanda, candomblé, etc. Quanto ao Evangelho há um completo engano do seu amigo. Em primeiro lugar, o Espiritismo é uma Doutrina cristã, e *O Evangelho Segundo o Espiritismo* faz parte do seu corpo doutrinário. Allan Kardec desenvolveu tão somente os ensinamentos morais de Jesus, porque o restante é muito discutível. Para o Espiritismo, Jesus de Nazaré é o Espírito mais nobre que já pisou o solo do nosso planeta, e o Evangelho é o mais perfeito compêndio moral que já foi dado ao homem conhecer. É lamentável que pessoas, às vezes bem intencionadas, falem contra o Espiritismo, procurando desacreditá-lo, sem conhecê-lo. Se essas pessoas se dessem ao trabalho de ler algumas obras espíritas, certamente não o condenariam. A proposta espírita é a de transformar moralmente o homem, para que o homem transforme o mundo. Essa transformação tem por base o Evangelho. O Espiritismo pretende evangelizar o homem, torná-lo um homem de bem, cumpridor dos seus deveres humanos e espirituais, cumpridor da lei de justiça, amor e caridade.

Consulta aos Espíritos

P *Estou decepcionado, pois, após consultar os Espíritos acerca de negócios e problemas de ordem familiar, tive prejuízos. Perdi minha mulher, tive perdas financeiras e meus filhos estão magoados, onde foi que errei?*

R O que falhou, meu amigo, é que você desconhece a Doutrina Espírita e a mediunidade. Em *O Livro dos Médiuns*, existe um capítulo sobre as *perguntas que se pode fazer aos Espíritos*. Certamente não se trata de regras rígidas, e sim de orientações. Os Espíritos superiores não respondem perguntas ociosas ou interesseiras, afastando-se; é quando os inferiores, vaidosos, mal-intencionados, se aproveitam e respondem sobre tudo. A preocupação dos Espíritos superiores é primeiro orientar moralmente os homens, e não ensiná-los a enriquecer ou adquirir poderes. Eles deixaram bem claro, para Kardec, que não fazem pelo homem aquilo que compete ao homem fazer. Você poderia alegar que o assunto *família* fosse de ordem moral, e se assim é, com certeza, Espíritos verdadeiramente superiores, deveriam orientar para a paz, o entendimento, o perdão, o diálogo. Quando o Prof. Denisard Hipolyte Leon Rivail[1], que mais tarde assumiu o pseudônimo Allan Kardec, iniciou as suas pesquisas no campo da mediunidade, descobriu de imediato que os Espíritos são as almas dos homens que viveram na Terra, portanto, existem-nos de todas as categorias, desde os mais sublimados até os mais ignóbeis. Se não pedir aos Espíritos aquilo que eles não podem dar, não terá decepções. Já que você se interessou por mediunidade, procure estudar a Doutrina Espírita, que muito entende sobre o assunto.

Com relação às questões financeiras só podemos dizer a você para agir sempre com honestidade.

Quanto à esposa, o reatamento dependerá dos dois, porém, quanto aos filhos, procure cercá-los de carinho, bondade, amor, e com certeza vai conquistar o perdão e o entendimento deles.

Maldade e perdão

P Será que à pessoa maldosa basta o arrependimento ante os erros praticados, para evitar o sofrimento? Neste caso Deus perdoa?

R Sem dúvida, Deus perdoa, mas explicaremos como o Espiritismo entende esse perdão. Antes de mais nada, vamos

[1] *Sobre o nome verdadeiro de Allan Kardec, ver* Dados Biográficos de Allan Kardec *e* Nota *em* O Evangelho Segundo o Espiritsmo, *p. 349, Mundo Maior Editora, 2ª ed., 2001.* (N. do E.)

responder a primeira parte da sua pergunta.

O arrependimento é um grande passo para a reabilitação. Quando a pessoa se arrepende, demonstra ter compreendido que errou, assumindo a sua responsabilidade. Vemos, então, que o primeiro passo é o arrependimento. Porém, ele será nulo se não for seguido da reparação. Ficamos livres do erro quando o reparamos. Vamos dar um exemplo simples: duas pessoas, "A" e "B" sendo que o indivíduo "A" dá um desfalque numa empresa e a culpa recai sobre o indivíduo "B" – este é despedido e processado criminalmente. Depois de algum tempo, o indivíduo "A" se arrepende. O que ele terá que fazer? Procurar seus patrões e as autoridades e inocentar a pessoa "B" que estava sendo penalizada, assumindo a culpa pelo que fez. Além disso, para uma perfeita reabilitação deverá indenizar a pessoa que recebeu a culpa, e aos seus patrões a quem prejudicou financeiramente. Lógico que de tudo isso, ficarão seqüelas morais que poderão ser corrigidas com o tempo ou numa outra reencarnação. Quando se torna impossível a reparação porque uma das partes já desencarnou, é aí que entra a misericórdia de Deus e a sua perfeita justiça, já que o devedor poderá pagar a sua dívida numa outra existência, em que, de alguma forma, irá quitar os prejuízos morais, emocionais e econômicos que tenha causado. É nisto que consiste o perdão de Deus, na oportunidade de reparar as nossas faltas. Você poderá alegar que, numa nova reencarnação, as pessoas não se lembrarão dos erros passados, porém, na vida espiritual sabem perfeitamente. Quem conhece a reencarnação e a lei de causa e efeito sabe que tudo tem a sua razão de ser, e que Deus é a suprema bondade.

Jesus e a reencarnação

P *Um amigo afirma, categoricamente, que a reencar-*

nação não existe, e cita a passagem evangélica do homem nascido cego, na qual Jesus ensina a seus discípulos que nem ele nem seus pais haviam pecado. Como entender tal definição?

R A passagem referida é sobre um homem cego de nascença, e os discípulos perguntaram quem havia pecado, ele ou os seus pais, e Jesus respondeu que nem ele nem seus pais, mas para demonstrar a glória de Deus. Em seguida, Jesus curou o homem, devolvendo-lhe a visão. Há muitas coisas a ponderar nessa passagem: por exemplo, qual a razão da pergunta, se os discípulos não acreditavam na possibilidade da reencarnação? Além disso era um caso específico, sobre um homem que estava na frente deles. A pergunta não foi generalizada, como: os homens sofrem por causa dos seus pecados ou dos pecados dos seus pais? Ora, Jesus respondeu especificamente sobre um caso e aproveitou para demonstrar que nossos sofrimentos podem ser provas, e não somente expiações. Além disso, se Jesus fosse contrário à idéia da reencarnação, teria aproveitado para corrigir os discípulos. E também não teria dito que João era Elias, e nem teria dito a Nicodemos que para ver o Reino de Deus era necessário nascer de novo. O *Livro dos Espíritos* traz muitas explicações, coerentes e atuais sobre o assunto.

Abandonar a Doutrina

P *Por que algumas pessoas chegam ao Espiritismo e depois o abandonam, indo em busca de outras doutrinas ou outras religiões?*

R O Espiritismo nunca afirmou ser o único caminho, e nem que está com toda a verdade. Cada religião, cada filosofia tem uma parcela da verdade. Algumas têm uma pequena parcela, outras têm-na mais ampliada, e com certeza estão de acordo com o desenvolvimento espiritual de cada um. Isto não quer dizer que nós, os espíritas, estejamos mais adiantados do que eles, o que seria vaidade. Como espíritas, acreditamos que a nossa doutrina tem uma grande parcela da verdade universal, mesmo assim, cada adepto tem um prisma dessa visão. Alguns conseguem ver apenas uma parte do quadro representado pela Doutrina, outros já podem ver o conjunto. Muitas pessoas abandonam o Espiritismo porque estão à procura de meios mágicos para resolver seus problemas. Vêem apenas o fenômeno. Outras gostam de rituais, cerimônias, festas e não encontrando isso nos centros espíritas, vão embora. Há ainda aqueles que gostam do mistério, das iniciações, dos graus evolutivos para os iniciados, e devido a simplicidade do Espiritismo, vão-se embora. Estariam errados? Cremos que não, porque estão à procura das suas afinidades. Até que ponto são verdadeiros os princípios que buscam? Até o ponto que eles os compreendem? O interessante é preocupar-se com os que permanecem na Doutrina Espírita e querem mudá-la, enxertando nela misticismo, superstições, orientalismo, sacramentos, hierarquia, e tantas outras coisas que já abandonamos há muito tempo.

Envelhecer e morrer

P *Como o Espiritismo interpreta o envelhecimento e a morte? Vocês, espíritas, estão acima dessas contingências da vida?*

R Não estamos acima dessas contingências da vida, porém vemos essas coisas com naturalidade. Vamos falar primeiro sobre o envelhecimento. Tudo envelhece e está sujeito a transformações. Certamente, a infância é um período muito bom da vida, exceto em alguns casos de grandes sofrimentos. A adolescência, a juventude e a maturidade já trazem maiores complexidades, contudo, precisamos guardar os bons momentos vividos no coração. Aqueles que usaram o seu tempo para aprender, decerto desenvolveram sabedoria e bom senso. Os dias se renovam e trazem novas esperanças. Lutar, viver, buscar e vencer são fatores naturais da vida, mas para os quais precisamos ser fortes. Guarde em seu coração a verdade de que o sol nasceu para todos, e mesmo quando está encoberto pelas nuvens escuras, temos a certeza que ele está lá no seu posto, esperando uma brecha entre as nuvens. Envelhecer com naturalidade e sabedoria é a nossa meta.

Quanto à morte, devemos encará-la como um fenômeno natural. Tudo precisa morrer para se renovar. Temos a convicção de que apenas o corpo físico morre. O Espírito continua a sua jornada e volta ao mundo numa nova encarnação. Sofremos sim, com a separação, mas não nos desesperamos, porque ela é por pouco tempo. Temos a certeza de que entre o nosso mundo e o mundo dos Espíritos, existe uma ponte que se chama *Amor*. Um envelhecimento saudável nos leva a uma morte com dignidade.

Boemia e morte

P *Tive um tio que pouco trabalhou, pois levava vida boêmia e aventuresca, com bebidas em abundância e envolvimentos amorosos. Será que agora, na vida espiritual, sente nostalgia do gênero de vida ao qual se acostumou, ou se arrependeu, tornando-se bom e honesto?*

R A morte não modifica milagrosamente as pessoas. O que somos aqui, somos no mundo dos Espíritos. Pessoas muito materialistas, como você retratou o seu tio, sofrem muito, porque não podem satisfazer a sua sensualidade. O Espírito não deixa de ser sensual, amante da boemia porque perdeu o corpo. Muitos deles, permanecem nos ambientes que freqüentavam, utilizando pessoas viciosas para satisfazerem seus desejos. Um dos maiores sofrimentos desses Espíritos é ver o objeto de sua paixão e não poderem satifazê-la. Há os que chegam a um ponto mais baixo da abjeção. A recuperação é lenta. Primeiro, é preciso que o Espírito queira se renovar. Enquanto isso não acontecer, nada pode ser feito para a sua reabilitação. Não raro, pode acontecer que o Espírito, mesmo não sendo vicioso, mas não tendo conhecimento suficiente para direcionar a sua vida espiritual permaneça em sua casa, consciente ou não do seu estado. O que podemos fazer por eles, é orar. Em nossas preces, devemos pedir-lhes a proteção divina. Por certo, embora tenham sido muito materialistas e sensuais, fizeram algo de bom durante a vida, e o bem sempre redunda em mérito, por menor que seja. Os Espíritos que nos amam e nos protegem, ficam à espera da mais leve reação moral para auxiliarem na recuperação do faltoso.

Índice Remissivo

O Evangelho Segundo o Espiritismo

A Moral

A primeira edição desta obra, lançada em 1864, propõe não discutir ou argumentar, mas adotar como regra de conduta o ensinamento moral de Jesus.

Com primorosa tradução, fiel aos originais de Kardec e acrescida de descrição histórica, a Mundo Maior Editora lança, O Evangelho Segundo o Espiritismo, que traz, ainda, os dados oficiais sobre a ata de nascimento do professor Rivail, pondo termo à questão relativa ao seu nome. Obra indispensável a estudiosos e iniciantes do Espiritismo.

O Livro dos Espíritos

A Filosofia

Lançado, em 1ª edição, a 18 de abril de 1857. O Livro dos Espíritos dá início a uma trajetória de luz que continua renovando o homem. A Mundo Maior Editora lança uma novíssima edição deste *best-seller*, com design arrojado e inclusão de notas explicativas altamente elucidativas que completam e facilitam o trabalho de pesquisa.

Mediunidade

A mediunidade através da história, energia sexual e paranormalidade, T.C.I., letargia e catalepsia, fronteiras entre o transe mediúnico e transe anímico, psicologia transpessoal e o médium.

Mediunidade, dever ou obrigação?

Encontre respostas a estas e outras indagações com Divaldo Pereira Franco, nesta obra escrita em linguagem simples e clara.

Mundo Maior Editora
www.mundomaior.com.br - tel.: (11) 6979 2157

Criminologia

João Demétrio Loricchio busca nesse livro acender as luzes sobre a criminologia. Aponta os fatores que condicionam a personalidade do criminoso. O leitor vai encontrar importantes revelações sobre as características psicológicas dos infratores e sua insensibilidade moral.

Quais os pontos agudos que propiciam o encaminhamento e as causas que desencadeiam o direcionamento do indivíduo para a crimi-nalidade. João Demétrio ainda investiga o inexplorado campo da genética ligada a criminologia e os aspectos espirituais que a Doutrina Espírita desvenda.

Borboletas

Rita Foelker renomada autora de muitos sucessos, nos presenteia com a delicada obra "Borboletas".
Este trabalho foi premiado no Primeiro Concurso de Literatura Infantil promovido pela Fundação Espírita André Luiz.
Um incentivo para toda criança adquirir o gosto pela leitura.

O Socorro dos Espíritos

As pessoas não percebem as aberturas que dão para as influências negativas e as perturbações. Nesse livro psicografado pelo vigoroso e atuante médium e palestrante José Medrado o espírito do monge Maomon Recitra narra envolvente história retratando o desenrolar das tramas, dos acertos, dos enganos dos encarnados e desencarnados. Leitura leve, em linguagem acessível, sem rebuscamentos sem rodeios ou dissimulações.

O Poder Magnífico do Pensamento

"Quando se lê por título *O Poder Magnífico do Pensamento* poderia o leitor imaginar que se tratasse de mais uma dessas obras apelativas tecidas em torno do vazio, sustentadas em termos de um suposto poder mágico que nos indicasse caminhos da fortuna, da vitória material, da conquista de amores impossíveis, que vendem muito, do tipo vença na vida sem fazer força. Mas, quando se verifica que o autor é espírita e que se chama Ricardo Magalhães, tudo muda. Ele tem um jeito especial de dizer coisas importantes em linguagem acessível, dentro de um raciocínio ordenado, numa redação escorreita, e além disso, sabe garimpar a favor de suas teses no que há de melhor da literatura espírita." *Alberto de Souza Rocha*

Fonte de Equilíbrio

"O ideal que move os dedos de Ricardo Magalhães sobre o teclado é aquele anseio de fazer luz na penumbra em que vivem juntos. E ele, num linguajar simples, claro, objetivo, fala sobre a indulgência, acerca do perdão, em torno da fé, quer dizer, são gotas homeopáticas curando as nossas doenças íntimas, os nossos males morais, as nossas fraquezas interiores. (...) o seu esforço é abençoado porque semeia a paz e a luz, traz tranqüilidade para nossos corações, fazendonos crer num futuro melhor." *Celso Martins*

Um Passado Bem Presente

"Uma família... laços de simpatia e amizade solidificados na harmonia. Um conflito... sentimentos controversos, lastreados no passado, emergem subtamente e estabelecem o perfil de um drama que somente o perdão poderá reparar.

"Um Passado Bem Presente apresenta-nos personagens, cujos pensamentos e palavras expressam, em termos incontroversos, as belezas da nossa filosofia." *Domério de Oliveira*

Os Benefícios do Equilíbrio

"Num momento de crises e de aflições onde cada um se sente só e procura um caminho, uma vos comunica o segredo da vida; o equilíbrio.

O livro tem, como base, grandes e conhecidos teorizadores das verdades eternas: André Luiz, Emmannuel, apóstolo Paulo, Maria Dolores e outros que chegaram a nós através de Chico Xavier, Waldo Vieira, Divaldo Pereira Franco... Para ver é preciso luz e a luz é acesa no início de cada capítulo cujas introduções são trechos psicografados que escancaram as portas do conhecimento. Este livro é o grão de areia, a gota de água que fará o seu ser transbordar de alegria, serenidade e paz." *Angela Azevedo de Matos*

Superando Problemas Através do Controle Emocional

Estojo especial contendo um livro de auto-ajuda sobre os conceitos fundamentais do sucesso de vendas *Há Sempre Solução,* que o auxiliará sobre vários aspectos de nossa complexa engrenagem interior. E mais, acompanha 2 Cds com uma narrativa surpreendente que certamente o fortalecerá na conquista da autoconfiança e do bem-estar.

Evoluindo com Jesus

"Depois de publicar *Os Benefícios do Equilíbrio e Fonte de Equilíbrio,* volta Ricardo Magalhães às nossas livrarias com mais uma obra, cujas páginas calcadas no Evangelho examinado à luz da Doutrina Espírita, renovam a mente do leitor.

O livro *Evoluindo com Jesus*, merece, como os anteriores ser lido e refletido por todos quantos almejam apressar a sua própria evolução em direção à espiritualidade superior." *Jorge Rizzini*

Mundo Maior Editora
www.mundomaior.com.br - tel.: (11) 6979 2157

Há Sempre Solução

"Nesta obra, Ricardo Magalhães mostra de maneira simples e objetiva como podemos obter resultados satisfatórios e como superar as dificuldades do dia-a-dia através do controle emocional. Este livro é um instrumento valiosíssimo que nos ajudará a enfrentar os problemas diários sempre com confiança e determinação, pois *há sempre solução*." Carlos Luiz Campana

---

Senzala

Um emocionante romance do século XIX, cujo o autor consegue aliar momentos de leveza e graciosidade à densidade dramática e conduzir o leitor a uma profunda reflexão da responsabilidade nas relações humanas, seja de comando ou subalternidade. A história do Coronel Souza, um bondoso fazendeiro, contrastando com a perversidade do Barão Macedo, um impiedoso escravocrata, desencadeia uma rede de intrigas entre ambas as famílias, trazendo-lhes dor e morte. Todos os acontecimentos são acompanhados posteriormente por Souza (já no Plano Espiritual) e por Salvius, seu mentor, que o orienta nos momentos difíceis.

Mundo Maior
Editora
www.mundomaior.com.br